L'esthétique du deuil dans l'art allemand contemporain

Du rite à l'épreuve

Histoires et Idées des Arts

Collection dirigée par Giovanni Joppolo

Cette collection accueille des essais chronologiques, des monographies et des traités d'historiens, critiques et artistes d'hier et d'aujourd'hui. À la croisée de l'histoire et de l'esthétique, elle se propose de répondre à l'attente d'un public qui veut en savoir plus sur les multiples courants, tendances, mouvements, groupes, sensibilités et personnalités qui construisent le grand récit de l'histoire de l'art, là où les moyens et les choix expressifs adoptés se conjuguent avec les concepts et les options philosophiques qui depuis toujours nourrissent l'art en profondeur.

Déjà parus

Dominique DEMARTINI, *Le processus de création picturale. Analyse phénoménologique*, 2009.

Aline DALLIER-POPPER, *Art, féminisme, post-féminisme. Un parcours de critique d'art*, 2009.

Nathalie PADILLA, *L'esthétique du sublime dans les peintures shakespeariennes d'Henry Füssli (1741-1825)*, 2009.

Jean-Claude CHIROLLET, *Heinrich Wölfflin. Comment photographier les sculptures 1896, 1897, 1915, Présentation, traduction et notes suivies du fac-similé des textes en allemand de Heinrich Wölfflin*, 2008.

Mathilde ROMAN, *Art vidéo et mise en scène de soi*, 2008.

Jean-Marc LEVY, *Médecins et malades dans la peinture européenne du XVII*[e] *siècle* (Tomes I et II), 2007.

Stéphane LAURENT, *Le rayonnement de Gustave COURBET*, 2007.

Catherine GARCIA, *Remedios Varo, peintre surréaliste*, 2007.

Frank POPPER, *Écrire sur l'art : de l'art optique à l'art virtuel*, 2007.

Isabelle Doleviczényi-Le Pape

L'esthétique du deuil dans l'art allemand contemporain

Du rite à l'épreuve

L'Harmattan

5-7, rue de l'Ecole polytechnique ; 75005 Paris

http://www.librairieharmattan.com
diffusion.harmattan@wanadoo.fr
harmattan1@wanadoo.fr

ISBN : 978-2-296-09969-2
EAN : 9782296099692

Avant-propos

Cet ouvrage est le prolongement d'une étude monographique sur le travail de deuil dans l'œuvre d'Anselm Kiefer. Chez cet artiste, deuil et mélancolie sont étroitement liés, en prise avec la charge de mémoire liée à la Seconde guerre mondiale. Lorsque Anselm Kiefer figure des tombes dans ses peintures de paysages désolés, le spectateur ressent une impression de tristesse. Le format immense et la lourdeur des matériaux confèrent à ces toiles une charge pesante. Pourquoi cet artiste a-t-il choisi de représenter des tombes ? Sont-elles un simple élément du paysage ou apparaissent-elles comme le leitmotiv d'une commémoration aux absents, aux disparus ? La peinture très épaisse ainsi que les vernis appuyés renforcent l'idée selon laquelle le motif, ici, n'est pas anodin. Tout se passe comme si l'artiste mimait dans sa pratique un enterrement, un ensevelissement. Tout est figé. Ce n'est pas là un cas isolé : de nombreux artistes allemands contemporains utilisent des motifs qui rejoignent le thème du deuil, comme les tombes, les croix, les crânes, les ossements, les linceuls, les cadavres… Il y a là tout un répertoire figuratif, voire une imagerie, qui imprègne la création allemande depuis des siècles. Mais au-delà de ce corpus iconographique, l'art allemand contemporain paraît bel et bien éprouver une fascination de la perte. Certains artistes fabriquent une enveloppe semblable à un linceul, d'autres vont jusqu'à mimer leur propre mort. Nombreuses sont les œuvres (peintures, sculptures, photographies, installations…) qui se veulent froides, distantes, inquiétantes, sinon obscures. Certains artistes mettent en scène des disparitions, des occultations, d'autres vont jusqu'à détruire leurs œuvres. Face aux sculptures d'Anne Wenzel, engluées dans la céramique noire, nous ne pouvons qu'éprouver un malaise. Les personnages sont-ils en train de fondre ? Ont-ils été volontairement défigurés par l'artiste ? N'y a-t-il pas ici plus qu'un simple jeu avec le regard du spectateur ? Que signifie cette attaque des figures ? Ne serait-elle pas un aveu d'angoisse ?

L'angle du deuil permet de comprendre pourquoi des artistes choisissent volontairement d'occulter la figure ou de la brouiller par des rayures, par une pixelisation ou en la nimbant de flou... Les brûlures, les déformations, les amputations d'objets seront interrogées en regard de notions propres au deuil comme le refus, le déni, le désinvestissement... Notre enquête visera à trouver le sens de ces tensions, de ces ensevelissements, de ces lacérations afin de mettre en évidence les forces en conflit dans l'acte de figuration. En portant notre attention sur la facture et la gestation de l'œuvre, nous serons amenés à nous projeter dans l'œuvre, à partager ses méandres, à comprendre son cheminement.

La première partie de notre recherche visera tout d'abord à définir ce qu'est le deuil. Nous observerons les rites qui s'y rapportent et examinerons les mécanismes et réactions qu'il suscite. Nous nous attacherons ensuite à parcourir les relations entre l'art et le deuil (à la fois comme iconographie et comme thématique) depuis la période gothique jusqu'à nos jours. Ce moment sera l'occasion de se pencher sur les images choisies par un peintre comme Caspar David Friedrich pour illustrer le deuil (cimetières, tombes, grilles, croix…) ou de revenir sur la période expressionniste et les monuments aux soldats morts lors de la Première guerre mondiale.

L'ensemble de la seconde partie de cette recherche sera consacré à l'étude d'une vingtaine d'artistes dont les œuvres relèvent d'une esthétique du deuil. Que ce soit par le choix des motifs (crânes, tombes…), par le répertoire des formes (stèles, dalles…), par les dispositifs d'exposition (reliquaires) ou à cause de la signification des matériaux employés, nombreuses sont les œuvres imprégnées d'une atmosphère endeuillée. Nous serons également attentifs aux propos des artistes comme aux processus intrinsèques à l'élaboration des œuvres. Cette approche de l'art contemporain allemand à travers la notion de deuil privilégiera donc une mise en relation des œuvres et des démarches. Nous ne réduirons cependant pas les œuvres à des symptômes. Nous n'établierons pas non plus de diagnostics sur les œuvres. L'ambition de notre recherche est de mettre en relation les œuvres étudiées avec l'histoire de l'art d'Outre-Rhin mais également avec le contexte historique, notamment celui de la Seconde guerre mondiale. Aussi observerons-nous les pratiques d'artistes contemporains en regard d'œuvres plus anciennes afin de mesurer la part de reprise ou d'écart entre des gestes artistiques éloignés dans le temps. Nous aurons également soin de préciser les mouvements ou les courants dont se revendiquent les artistes. A l'issue de ces réflexions, un entretien avec une jeune artiste allemande enrichira cette recherche.

Partie I : Les méandres du deuil

Chapitre I : Définir le deuil

Le deuil est avant-tout une réaction, un processus suscité par une rupture, une perte significative, que celle-ci soit réelle ou figurée, en un mot, qu'il s'agisse d'une personne proche affectivement ou d'une idée fortement investie. Le deuil se caractérise non seulement par un état affectif douloureux provoqué par la mort d'un être aimé ; il désigne également la période qui suit cette perte. Tout deuil remet en mouvement l'intensité de la relation à l'autre et la force de l'attachement à celle-ci. Les liens que nous avons créés avec autrui sont questionnés. La séparation qu'implique tout deuil mettra en place un véritable processus qu'on nomme également travail de deuil. Après ce travail de deuil, la personne réinvestira l'environnement dans lequel elle évolue et s'attachera à de nouveaux individus en créant d'autres liens.

Le deuil est donc une tâche affective qui utilise une grande partie de notre énergie psychique et physique. L'individu qui traverse un deuil doit avant-tout admettre et reconnaître la perte. Puis la souffrance va permettre de réagir à cette perte, que celle-ci s'exprime par de la colère, des cris, de la tristesse… Enfin, au sortir du deuil, l'on doit être capable de réinvestir des liens, de se reconstruire et d'accepter que la vie continue sans la personne disparue.

Pour Sigmund Freud, le travail de deuil commence par une confrontation à la réalité, c'est-à-dire la perte de la personne aimée. Selon lui, il s'agit d'une épreuve qui exige le retrait de tout investissement vers cet objet d'attachement. La personne doit se défaire des liens rappelant le défunt. Puis viendra le moment où le principe de réalité l'emportera et alors, « *le moi redevient libre et sans inhibition* » avec l'achèvement du travail de deuil. Si la notion de deuil renvoie à l'idée de souffrance, le processus nécessaire à la délivrance du deuil se nomme résilience. D'une manière générale, le deuil permet de surmonter un événement critique de la vie.

Le deuil nécessite souvent le soutien d'autrui faisant preuve de sympathie ou de facultés d'accompagnement. L'art devient parfois le moyen d'expression créative qui permet de ne pas oublier l'événement et de commémorer la douleur qu'il a suscitée. Cette fonction s'avère souvent cathartique.

Réaction personnelle ou collective qui peut varier en fonction des sentiments et des contextes, le deuil commence souvent par le déni et se termine par une acceptation plus ou moins libérée du sentiment d'attachement qu'éprouvait l'endeuillé. Dans ce cas, il s'agit d'un deuil relationnel. Parfois, l'annonce ou le constat d'une rupture amoureuse peut provoquer des états comparables à ceux de la mort d'un proche. Certains deuils peuvent venir à retardement, d'autres provoquent des sentiments dépressifs plus ou moins violents. Enfin, tout deuil nous met face à l'anticipation de notre propre mort et réveille de nombreuses angoisses.

S'il implique des modifications dans nos relations à autrui, l'état mental d'une personne endeuillée affecte notamment sa capacité de maintenir un lien ou d'entrer en relation avec autrui. Par ailleurs, une personne endeuillée développera des attentes nouvelles vis-à-vis de son entourage. Elle aura besoin d'attention, de sollicitude, de calme, d'isolement ou de distraction. Dans tous les cas, le deuil est un moment qui nécessite un accompagnement dans le changement relationnel indispensable à la construction de nouvelles formes de relations. Enfin, certains deuils peuvent paradoxalement impliquer une satisfaction parfois inconsciente et amener un sentiment de culpabilité.

Coutumes

Le rituel fait appel à la symbolique, mécanisme de l'imaginaire, que mettent en place les survivants face à la mort. Les rites funéraires évoluent au même rythme que les valeurs, croyances ou comportements dans nos sociétés. Autrefois, les pleureuses accompagnaient les enterrements et permettaient de laisser sortir les émotions en les canalisant par le rituel. Aujourd'hui les rites ont changé mais certains se poursuivent : parmi les rites traditionnels, on trouve le glas, qui rassemble le voisinage, le repas, qui réunit les proches ou la toilette funéraire, qui conditionne le défunt pour le passage vers la mort. Chez les Chrétiens, elle rappelle le baptême. De plus, la toilette préserve les vivants : en le nettoyant, on purifie le cadavre et on évite ainsi la contamination des vivants.

D'autres rites, comme l'enterrement, l'édification de la tombe, les visites répétées au cimetière, les chants, les prières… s'ajoutent au deuil. De plus, le rite du deuil a une fonction sociale qui permet de codifier le chagrin et son expression. Enfin, la levée du deuil indique le retour à la vie normale. L'endeuillé est réintégré dans la société. Il dit adieu au défunt et revient à la vie de tous les jours.

Dans les régions fortement urbanisées, un certain nombre de traditions ont encore cours, comme le port d'habits spécifiques ou l'interdiction de se remarier pendant un certain temps en cas de veuvage... Ces coutumes dépendent en général du degré de parenté et de l'importance sociale du défunt. En outre, les couleurs du deuil varient selon les cultures et mœurs. En France, et en Europe en général, la couleur du deuil est le noir. Par contre, c'est le blanc qui l'incarne au Vietnam, au Japon et en Inde. Tandis qu'en Chine, c'est le rouge combiné au blanc qui symbolise le deuil.

Examinons la symbolique de ces couleurs. Dans le noir, l'idée qui domine est celle d'obscurité. Cette teinte s'associe à la fermeture des yeux ou au sommeil nocturne. La mort s'apparente alors au sommeil éternel. Dans la tradition antique grecque, c'est Hadès, qui incarne la mort. Hadès règne sur le domaine où vont les morts, lieu où est supposé se trouver l'enfer. Quant au blanc, il évoque la pâleur du mort ou la lumière céleste. Cette couleur pure s'assimile à la notion de vérité, car dans certaines cultures, l'âme du mort accède à des connaissances hors de portée des humains. Autrefois, d'autres couleurs étaient associées au deuil : le violet (du lavande au mauve), qui est également la couleur liturgique de la messe des morts ou le gris. On remarquera également qu'autrefois, à la Cour de France, la Reine portait le deuil de son époux en blanc (il s'agissait du « Deuil Blanc ») et le Roi portait le deuil en violet.

Les rites funéraires ont toujours pour finalité de faire disparaître le corps mort de la manière la plus efficace possible, en fonction des croyances de chaque époque. De l'ornementation des sépultures au mobilier funéraire, des stèles marquant l'emplacement de la tombe aux pierres tombales, les croyances et rituels qui environnent la mort visent à organiser le passage des défunts vers l'au-delà. Si au Moyen Âge, l'Église est le cadre ordonnateur des funérailles, elle canalise les pratiques en rassemblant les tombes à l'intérieur et autour des chapelles et des églises. C'est vers la fin du XVIe siècle et du XVIIe siècle, que se déploie un cérémonial baroque d'une grande complexité, où la mort est théâtralisée et mise en scène, renforçant l'édification chrétienne des vivants. Ce n'est que vers la fin du XVIIIe siècle que la mort va progressivement se séculariser au profit du développement de grandes nécropoles urbaines situées en périphérie des agglomérations. Ces « villes des morts » se développent à partir du milieu du XIXe siècle. On note l'architecture multiforme de leurs monuments. Leurs décors sont chargés de symboles variés. Quant aux thèmes abordés dans l'art funéraire, ils reflètent le monde des vivants et reproduisent l'organisation sociale de leur temps. Non seulement le rituel assure au défunt un bon « passage » vers l'au-delà, mais il est aussi un gage de survie dans l'imaginaire social.

Si le Moyen Âge était une période où la mort était présente dans le quotidien, elle est refoulée et occultée à notre époque. C'est au siècle des Lumières que s'est effectuée cette rupture entre la mort « apprivoisée » et la mort « déniée ». Les paysans médiévaux apprivoisaient la mort en élaborant toutes sortes de rituels aux fonctions conjuratoires. Toute une panoplie de gestes et de paroles accompagnait le deuil : « l'ars moriendi, l'art de mourir, rassemble en une image synthétique et saisissante, à la fin du Moyen Âge, la réponse de la religion à l'anxiété des hommes devant la mort. Il s'inscrit sur les murs des églises ou des livres d'heures. »[1]

A la Renaissance, des artistes vont donner une nouvelle image de la mort. Les tableaux de Jérôme Bosch ou ceux de Pieter Bruegel présentent une vision fantastique de l'enfer sous la forme d'un monde onirique peuplé de personnages grotesques ou de sorcières et de satans. Quant à la période baroque, elle voit apparaître la théâtralisation de la mort. En la mettant en scène, les artistes, comme les architectes, la dominent. Plus introspectif, le siècle des Lumières bouleverse le regard de l'homme sur la mort. Les philosophes méditent sur la mort et cherchent à lui donner un sens. Ainsi Leibniz, Rousseau ou Robespierre revendiquent l'immortalité de l'âme. Puis, au XIXe siècle, les progrès de la médecine et de l'hygiène de vie font reculer la mort et permettent une augmentation de l'espérance de vie. Les sciences se développent et le monde médical offre un nouveau regard et de nouveaux codes sur le deuil. Enfin, viennent les nouvelles formes de socialisation de la mort, les nouvelles funérailles, l'emphase sur le deuil et la place démesurée que prennent les cimetières. Après les guerres du XXe siècle, viendront les monuments aux morts, les tombes du soldat inconnu, les commémorations du souvenir... Enfin, l'extermination en masse des juifs par les nazis a entraîné un retour du tragique.

Observons quelques rituels funéraires. Erwin Panofsky en décrit certains depuis l'Antiquité jusqu'à la période baroque dans *La Sculpture funéraire*. Ainsi, dans la culture grecque, « dès les IIIe et IVe siècles avant J.-C., on trouve des plaques dorées avec de belles inscriptions qu'on pourrait qualifier de passeports pour l'au-delà, donnant à l'âme des indications détaillées sur ce qu'elle doit faire et même sur ce qu'elle doit dire après avoir franchi les portes d'un Hadès

---

[1] Michel Voyelle, *La mort et l'Occident de 1300 à nos jours*, Paris, Gallimard, 2001.

désormais bipartite... »[2] Ces indications écrites aident à appréhender le monde inconnu et sans repères qu'est l'Hadès. L'auteur retrace également ce que figurait cet ailleurs à diverses périodes : « l'art funéraire égyptien est lié à la croyance que les disparus poursuivent leur vie terrestre dans l'au-delà, alors que la sculpture funéraire grecque voit la mort comme une existence incertaine dans le royaume des ombres, où la vie n'est plus qu'un beau souvenir. »[3] Suivons l'auteur lorsqu'il évoque l'art funéraire romain, qui « représente une promesse d'existence heureuse dans la mort en récompense d'une vie vertueuse. Pour le christiannisme, en revanche, tous les liens avec la vie réelle sont coupés, et seules importent les perspectives de l'au-delà. »[4]

Étapes du deuil

On notera plusieurs étapes nécessaires au déroulement du deuil. La première réaction est celle du refus : la personne ne croit pas à la perte et doit surmonter son choc. Souvent une impression de vide et d'épuisement envahit la totalité du psychisme. Le reste de la vie est souvent oublié. Le monde et l'environnement sont désinvestis. L'endeuillé met parfois de la distance avec les autres. Cette première phase de déni ou de sidération dure relativement peu de temps. Suit parfois la colère, une émotion qui manifeste une tentative de soulagement face à l'angoisse de la disparition. Parfois intervient une véritable dépression : celle-ci se manifeste par une grande tristesse, des pleurs, des angoisses, un sentiment d'abandon et parfois d'impuissance ou de la torpeur. Ces diverses réactions démontrent que la personne endeuillée est en train de ressentir la souffrance de la perte. Cela peut aller jusqu'à des manifestations psycho-somatiques, avec une perte du sommeil et de l'appétit, une boule dans la gorge, des courbatures... On ressent également une douleur mentale : un

---

[2] Erwin Panofsky, *La sculpture funéraire*, Paris, Flammarion, 1995, p. 21.

[3] Op. cit., p. 6.

[4] Ibid.

manque de concentration, voire une perte de confiance en soi. Enfin vient le temps de l'acceptation et de la reconstruction. La personne se reconstruit sur le plan psychique, elle réinvestit son environnement et apprend à vivre sans l'être perdu. Petit à petit, elle accepte la mort et parfois donne du sens à cette mort. La perte est remplacée par une présence intérieure après l'intégration du deuil dans le psychisme. Cette dernière étape s'avère la phase la plus créatrice : la personne endeuillée intègre la perte, reprend vie, et intériorise l'image du défunt. On peut alors parler de fin du deuil. Toutefois, ces phases ne sont pas traversées de manière linéaire.

Certains délimitent non pas trois phases mais quatre. A une première phase d'engourdissement succède une phase de languissement et de recherche de la personne perdue. Puis vient une période de désorganisation et de désespoir avant l'ultime étape de réorganisation. On peut compter encore de nombreuses étapes au deuil, comme le choc, la colère, une période faite de négociations, ainsi qu'une phase dépressive avant l'acceptation finale. Peu importe le nombre de phases, ce que l'on retiendra est la faculté de chacun à traverser diverses positions face à la réalité de la perte, que celle-ci soit déniée, avant d'être enfin acceptée. Il s'agit avant-tout de réorganiser sa vie en fonction de la perte. Il peut arriver qu'un endeuillé effectue des retours en arrière avant de recommencer à avancer.

Réactions

Arrêtons-nous sur certaines émotions activées par le deuil. En premier lieu, portons notre attention sur la sidération. Celle-ci est une réaction face à la notion de perte. Selon les personnalités, cette réaction peut se traduire par une grande agitation ou une paralysie. Cela peut aller jusqu'au mutisme. Quant au sentiment de colère, il traduit un état de révolte envers soi ou envers les autres. L'intensité variera en fonction du système affectif de chacun. A cette colère peuvent s'ajouter des sentiments de culpabilité. Une manière d'intérioriser ou d'exprimer toutes sortes de critiques et de jugements sur soi ou autrui. Des pulsions de vengeance peuvent apparaître... La colère permet également d'exprimer des reproches ou d'évacuer ses remords, ses ressentiments, son dégoût, voire sa répulsion. Parfois agressive, cette colère peut éventuellement se retourner contre soi. Elle exprime ainsi le sentiment de rejet ou de dévalorisation que subit l'endeuillé.

Quant au sentiment dépressif, il résulte d'une tension violente et se traduit par un épuisement, une incapacité à surmonter la perte. Plus ou moins profond, cet abattement est une forme de résistance à la soumission. Au-delà des douleurs physiques, des maux de tête, de ventre, des douleurs dans le dos ou des courbatures..., des attitudes et des comportements suicidaires pourront parfois émerger. A cette dépression s'ajoute une envie de destruction qui peut s'exprimer de manière paradoxale. Enfin, les diverses réactions éprouvées au cours du deuil ne sont pas forcément liées à l'intensité des sentiments que la personne éprouvait pour le défunt.

Travail de deuil

Cette expression, qui a été utilisée par Sigmund Freud dans l'article *Deuil et mélancolie* en 1915, traduit l'idée d'un processus intrapsychique consécutif à la perte d'un objet d'attachement ou d'un être cher. Le travail de deuil permet d'intégrer cette idée et d'accepter de continuer la vie sans la personne perdue. Toute perte peut, selon Freud, nécessiter un travail de deuil. Il s'agit d'un processus normal, en un mot, d'une aventure de la maturation humaine. Or, pour bien vivre un deuil, certaines conditions sont toutefois nécessaires. La disparition de l'autre ne doit pas annuler l'amour de l'autre, ni nous confondre dans la mort réelle ou symbolique de l'autre. Par ailleurs, la relation antérieure avec l'être disparu deviendra fondamentale et prépondérante. De surcroît, cette expérience du deuil nous confronte à l'idée de notre propre mort comme destin inéluctable.

Le déni

Observons de plus près cette phase caractéristique de refus du deuil qu'est le déni. L'endeuillé rejette la vérité de la perte rapportée et vécue comme choquante. Parfois, l'individu demande ou se demande si la perte est réelle. Ce moment est succinct, mais cette brièveté ne signifie pas forcément que cette phase n'est pas importante. Il arrive que des personnes restent bloquées dans cet état ou qu'elles y reviennent pour y trouver un abri contre la perte définitive, un refuge contre l'inéluctabilité de la mort.

La résignation

Plus proche de l'idée d'abandon d'une lutte intérieure, l'individu se laisse porter par l'idée de résignation et accepte l'événement auquel il est confronté. Or cette résignation se compose de soumission ou de rejet. Il peut y avoir une acceptation fataliste qui va permettre au caractère obsédant de la cause du deuil de s'estomper. Reviendra le moment d'ébaucher quelques projets et d'accepter le cours des choses...

Résilience

Plus récente, la notion de résilience traduit l'intégration de l'expérience du deuil à celle de la construction de l'individu. La perte devient un souvenir. Le présent se vit alors de manière relativisée, en fonction de projets. Ce qui était une cause de souffrance devient presque une ressource en soi. L'expérience de la perte s'ajoute aux transformations successives de la vie. Cette transformation devient donc bénéfique. Cette étape nommée résilience a été définie par l'ethnologue Boris Cyrulnik. Enfin, de nombreux psychanalystes contemporains, comme André Green (*Le travail du négatif*, 1993), définissent l'état de deuil comme une étape permettant à l'individu de rejouer « l'ensemble des mécanismes qui l'ont constitué en tant que sujet. »[5] Il distingue, à la suite de Sigmund Freud (*Deuil et mélancolie*, 1915) et de Mélanie Klein (*Le deuil et ses rapports avec les états dépressifs*, 1940), le travail de séparation du travail de deuil.

C'est dans *Inhibition, symptôme et angoisse* (1926), que Sigmund Freud introduit la notion d'angoisse de séparation. Cette angoisse est liée à l'état de détresse que ressent l'enfant en l'absence de sa mère. Devant le danger d'une perte d'amour, l'angoisse éprouvée est la même que celle qui peut être vécue lors du deuil. C'est différement que Mélanie Klein définit l'angoisse de séparation dans *Le deuil et ses rapports avec les états dépressifs* en 1940. Celle-ci fait partie d'une position dépressive, qui désigne moins un stade du développement qu'un fonctionnement mental apte à intégrer des sentiments de tristesse et de culpabilité. Par ailleurs, Mélanie Klein a estimé qu'à l'origine de l'œuvre d'art se situe un deuil. Ce deuil renverrait à un état transitionnel, fait de changements. Celui-ci serait provisoire et mettrait en œuvre des forces de liaison et de déliaison permettant d'établir une « *présence d'absence* »[6] où viennent se prendre et se déprendre les énergies de l'imaginaire…

Enfin, pour André Green, le travail de deuil confronte avant tout au travail du négatif et au narcissisme de mort. Pour lui, le travail du négatif apparaît sous des aspects auxquels on ne le rattache pas ordinairement : travail du rêve, travail du deuil ou identification. Si le travail du deuil entraîne les questions de l'angoisse, de la séparation, de la culpabilité et de la douleur, le travail du négatif regroupe les formes du refoulement, de la forclusion, du désaveu et de la négation. A travers le refoulement et la sublimation, certains artistes

---

[5] *Le deuil*, sous la direction de Nadine Amar, Catherine Couvreur, Michel Hanus, Monographie de la Revue française de psychanalyse, Paris, PUF, 1994, p. 7.

[6] Murielle Gagnebin, *Pour une esthétique psychanalytique, L'artiste, stratège de l'Inconscient*, Paris, PUF, 1994, p. 197.

refusent de vivre sous l'emprise d'une négativité trop destructrice qui attaquerait le processus même de leur création.

La transmission du deuil

Derrière un état de deuil se cache parfois de manière inconsciente un deuil ancien, enfoui, caché dans les méandres d'une mémoire dite « transgénérationnelle ». Ces deuils non-dits sont parfois transmis par la génération précédente, cette génération « qui transmet la charge de ses deuils non faits, et enclave de ce fait chez ses sujets des « morts méconnues. »[7] La transmission psychique peut également avoir des effets sur les descendants, à leur insu.

[7] *Le deuil*, op. cit., p. 9.

Chapitre II : Deuils pathologiques

Tout deuil peut réactiver un ancien deuil non résolu. Ce qui rend le travail de deuil plus difficile à accomplir, voire pousser le deuil à se transformer en deuil pathologique.

Deuil dysfonctionnel

Selon le psychanalyste Michel Hanus, 5% des deuils se compliquent et se transforment en deuils pathologiques. On peut identifier ainsi les personnes à risque : les individus ayant des relations de dépendance, les personnalités immatures ou mal structurées, les personnes solitaires ou celles qui n'ont pas résolu un deuil antérieur. D'autres facteurs peuvent également être déclencheurs d'un deuil dysfonctionnel, comme une trop grande angoisse face à la mort, un chagrin chronique, un conflit décisionnel, une détresse spirituelle, un deuil anticipé, une dynamique familiale perturbée, un isolement social ou une perte d'élan vital.

Si le travail de deuil nécessite de traverser diverses phases, la plus difficile est certainement l'acceptation de la perte. L'expérience qui permet de la supporter est de voir le corps du défunt, comme l'expliquent les psychanalystes Marie-Frédérique Bacqué et Michel Hanus : « voir le mort contribue à cette prise de conscience par le biais de représentations formées à partir de l'image crue du mort. Mais parfois, les mécanismes de déni permettent de refuser l'objectivité de la mort, malgré la vision du cadavre. »[8] Il faut en effet effectuer ce travail de séparation entre soi et l'objet perdu, travail qui ne se fait pas sans douleur, comme l'explique Sigmund Freud : « le deuil sévère, la réaction à la perte d'une personne aimée, comporte le même état d'âme douloureux, la perte de l'intérêt pour le monde extérieur (...), la perte de la capacité de choisir quelque nouvel objet d'amour que ce soit (...), l'abandon de toute activité qui n'est pas en

[8] Marie-Frédéric Bacqué, Michel Hanus, in *Le Deuil*, op. cit., p. 37.

relation avec le souvenir du défunt. »[9] Voilà un processus qui fait que l'endeuillé a souvent l'impression de s'absenter du monde. Parfois, au contraire, c'est le deuil qui, pour un patient de Pierre Fédida, permet de rompre avec un sentiment de vide : « seul un deuil pourrait me sortir de mon vide. »[10] Derrière ce désir étrange de vivre un deuil se cache l'anticipation de celui-ci, ce qui peut avoir pour effet d'en bloquer le déroulement. On observe aussi l'anticipation d'une séparation irréversible qui peut générer des angoisses de morcellement agressant le moi. Si cette angoisse est liée à la perte de l'objet, comme l'ont montré Mélanie Klein dans *Le deuil et ses rapports avec les états dépressifs* (1940) ou, plus proche de nous, Didier Anzieu dans *Le corps de l'œuvre* (1981), l'épreuve du deuil oblige à prendre en compte le réel et à réparer ou à restaurer l'objet perdu. D'autres fois, c'est l'étape de la régression, avant de surmonter le deuil, qui peut s'avérer dangereuse : « si la régression ne trouve que du vide, c'est le risque d'une décompensation, d'un retrait de la vie, d'un refuge dans la maladie, voire d'un consentement à la mort. »[11]

Quant à certaines personnes, elles s'enfoncent dans un deuil sans fin, jouissant d'une perte inlassablement : « Certes des mouvements de désinvestissement et de réinvestissement du travail de deuil – déployés dans un temps qui est à la fois celui de l'oubli et du souvenir – contribuent, dans les meilleurs cas, à enrichir le Moi de capacités nouvelles. Mais parfois, le sujet fera de sa douleur une source de jouissance, et maintiendra en lui l'investissement nostalgique de l'objet perdu en une délectation sans fin. »[12]

---

[9] Sigmund Freud, « Deuil et mélancolie », in *Métapsychologie*, Paris, Gallimard, 1968, p. 147.

[10] Pierre Fédida, *L'Absence*, Paris, Gallimard, 1978, p. 78.

[11] Didier Anzieu, *Le corps de l'œuvre*, Paris, Gallimard, 1981, p. 19.

[12] *Le deuil*, op. cit. p. 9.

Deuil ou mélancolie

Au deuil s'associe parfois la mélancolie, si l'état de détresse ou la dépression envahit trop l'individu, le bloquant dans une phase et dans une mise à distance de la perte. Dans l'Antiquité, des stèles funéraires attiques présentaient des individus prenant des poses de deuil, la tête repliée. La mélancolie s'y rattachait donc à la perte d'un proche. La figure de Pénélope était également représentée devant son métier à tisser, figure mélancolique attendant le retour de son époux Ulysse. A la Renaissance, la célèbre gravure intitulée *Melencolia I* d'Albrecht Dürer donne à voir cette attitude de repli sur soi. Ce personnage est envahi de pensées trop lourdes, trop obsédantes. En 1621, Robert Burton publie *l'Anatomie de la mélancolie*. Il analyse les causes et les effets de ce mal et recherche des remèdes. Son ouvrage constitue une importante somme de toutes les connaissances concernant la mélancolie, que Burton lie au deuil. Enfin, au XIXe siècle, le Spleen devient l'expression des poètes, dont Charles Baudelaire sera une figure emblématique, exposant son sentiment dépressif de la vie. Qualifié de mal du siècle, ce désenchantement est un sentiment qui exprime une énergie non libérée, qui se transforme en *poison noir*. Le mot est emprunté au latin *melancholia* lui-même transcrit du grec ; il comprend le terme noir et bile. Le mot signifie donc étymologiquement la bile noire. Ceci renvoie à la théorie humorale d'Hippocrate, selon laquelle le corps contient quatre humeurs qui déterminent chacune notre tempérament. Ces quatre humeurs sont le sang, la lymphe, la bile jaune et la bile noire. Le tempérament est donc sanguin lorsque le sang prédomine, lymphatique lorsque c'est la lymphe, bilieux pour la bile jaune et enfin mélancolique pour la bile noire. En psychanalyse, c'est Karl Abraham qui isole la dépression dès 1911 en la distinguant de la névrose d'angoisse. De son côté, Sigmund Freud, dans son texte *Deuil et mélancolie* (1915, dans *Métapsychologie*), compare l'état dépressif passager consécutif à un deuil à l'état mélancolique. Le deuil est une réaction normale à une perte, qu'elle soit humaine et affective ou idéale. Quant le deuil prend une tournure pathologique, il peut verser dans la psychose ou dans la névrose obsessionnelle. Ainsi, selon Freud, le deuil et la mélancolie partageraient certains symptômes, comme la mésestime de soi ou l'accablement d'auto-reproches. Freud en déduit que la perte à laquelle réagit le mélancolique est inconsciente et n'est pas directement en relation avec une perte réelle comme dans le deuil. Le mélancolique régresse et va s'administrer des auto-reproches parfois délirants. Les symptômes mélancoliques sont plus poussés que la simple dépression où l'on trouve par exemple l'anorexie, l'insomnie, des vœux de mort ou encore un fort sentiment de culpabilité. Dans la mélancolie s'ajoute une véritable douleur morale. Un sentiment intérieur de vide et de pétrification caractérise la problématique du mélancolique.

Le deuil cannibalique

Autre posture qui est de maintenir présent et vivant l'être ou l'objet perdu. L'endeuillé éprouve parfois des pulsions agressives et se trouve pris dans des forces conflictuelles. Dans *La Sculpture funéraire*, Erwin Panofsky décrit nos sentiments ambivalents à l'égard des morts, notamment dans les traditions des gestes à leur égard : « Lorsque nous fermons la bouche et les yeux des morts et les plaçons dans une attitude de repos, les mains souvent croisées, nous croyons accomplir un geste de piété ; or il y a de bonnes raisons de supposer que dans ces actes de piété *envers* les morts survivent, sous une forme résiduelle ou sublimée, des mesures prises *contre* les morts pour les empêcher de nous nuire : leur crever les yeux, leur attacher ou même leur mutiler les mains et les pieds, les démembrer, les placer dans des réceptacles soigneusement fermés, souvent dans des positions semblables à celle du fœtus (...) ou les enfermer dans des arbres creux. »[13] Ces diverses traditions présentent des

---

[13] Erwin Panofsky, op. cit., p. 11.

variantes. L'idée qui domine ici est celle de se protéger des morts, c'est pourquoi on enfermait leur corps.

Dans le deuil, c'est l'angoisse qui révèle des pulsions agressives plus ou moins conscientes, comme le décrit le psychanalyste Pierre Fédida : « on ne peut s'y tromper : quelles que soient les expressions cliniques empruntées par l'angoisse de la séparation, le cannibalisme comprend cette agressivité présente à l'angoisse elle-même de perdre l'objet d'amour et de l'anéantir plutôt que d'y renoncer en s'en détachant. »[14] Pour l'auteur, « le cannibalisme serait alors l'expression mythique d'un deuil mélancolique – sorte de mise à mort – d'un objet sous le *charme* duquel le moi s'est trouvé placé et dont il ne peut se résoudre à se séparer, ainsi qu'en témoigne l'envie de *le tenir présent de son absence*. »[15]

Tout ceci exprime l'idée que le temps est bloqué. Il est difficile alors de sortir de la sidération. L'individu régresse vers des conflits primitifs : « la perte de l'objet dans le deuil non seulement force l'appareil psychique à sacrifier une partie du Moi pour suppléer au vide laissé par celle-ci, mais renvoie à une fixation première, dite « orale cannibalique »… »[16] André Green va plus loin en considérant que toute personne liée « à un fantôme d'objet (…) paraît bien habité(e) de désirs vampiriques. »[17] On est loin de la fin du deuil décrite par Freud : « la réalité prononce son verdict : l'objet n'existe plus (…) et le moi (…) se laisse décider (…) à rompre sa liaison avec l'objet anéanti. »[18]

---

[14] Pierre Fédida, op. cit., p. 65.

[15] Op. cit., p. 66.

[16] André Green, *Le temps éclaté*, Paris, éditions de Minuit, 2000, p. 30-31.

[17] Op. cit., p. 153.

[18] Sigmund Freud, op. cit., p. 166.

Chapitre III : Art et deuil

Lorsque l'art est confronté au deuil, des notions comme la perte, la mémoire, la commémoration ou le lien aux absents sont convoquées. Pour éclairer et comprendre comment ces notions se manifestent dans les œuvres artistiques, dressons un panorama historique afin de repérer l'évolution de ce thème.

Sculpture funéraire gothique

Apparue dans les années 1150, la sculpture gothique présente un style parfois sombre, tandis que la peinture se tourne vers des formes diverses comme les livres d'heures, les retables ou les fresques. Les livres d'heures contiennent des miniatures servant à la méditation. Parfois, des tableaux de dévotion ornent les maisons particulières. Les retables, tableaux de bois peints ou sculptés, ornent les autels des églises, tout comme les fresques, qui décorent notamment les voûtes. On remarque une abondance de détails narratifs et les couleurs sont lumineuses.

Liée à l'architecture gothique qui s'épanouit dans la seconde partie du Moyen Âge en Europe occidentale, la sculpture gothique est parfois monumentale mais concerne également le domaine funéraire, le mobilier et les objets somptuaires. « Quels que fussent son emplacement et ses accessoires, la *tumba* était la forme de monument funéraire la plus représentative au Moyen Âge – au point que ce terme de la fin de la période classique (…) devint la désignation la plus communément employée pour tout monument sépulcral en français, anglais, italien et espagnol (« tombe », *tomb*, *tomba*, *tumba*)… »[19] Ces tombes sont parfois accompagnées d'œuvres sculpturales réalisées en pierre qui varie selon les régions (granit, grès, calcaire, marbre, albâtre) ; les œuvres sont souvent des sculptures religieuses qui ornent également les entrées et les portails des églises. L'art gothique funéraire

---

19 Erwin Panofsky, op. cit., p. 64.

devient plus raffiné. Avec le développement de la dévotion privée sont réalisées des œuvres de plus petites tailles, pouvant être transportées. Jusqu'à la fin du XVIIIe siècle, les statues sont peintes de couleurs vives. La sculpture connaît également un vif essor lié aux chantiers des grandes cathédrales.

La sculpture funéraire se fait figurative. Les sarcophages montrent les défunts sur le couvercle, ce sont des gisants. Le défunt n'est pas véritablement allongé. Il est sculpté en position verticale puis la pierre est ensuite posée à l'horizontal. La figuration du mort est assez schématique et géométrisée. Enfin, la sculpture prend du volume. Les sculpteurs représentent un corps, toujours debout, tantôt les yeux ouverts, tantôt les yeux fermés. Mais le personnage ne semble pas mort. Il paraît dormir. Tandis qu'à la fin du Moyen Âge, au début de la Renaissance, le corps se déssèche et les artistes vont représenter un cadavre ou un squelette qu'on nomme le « transi ». Selon Erwin Panofsky, l'art des régions du Nord représentait le mort « au moyen d'un spectaculaire constraste : la *représentation au vif*, à savoir l'image de la personne entière (...), parée comme l'exige son état et sa dignité et non affectée par la décomposition. »[20] Cette représentation s'opposait à l'« image du corps mort couvert tout au plus d'un linceul et réduit à l'état de squelette ou laissant apparaître les traces effroyables de la putréfaction. »[21]

Les tombeaux prennent soit la forme de sarcophages, soit de gisants, de plates-tombes, voire de simples épitaphes qui demandent au passant une prière propre à favoriser le salut et emplissent églises et cloîtres. Ces épitaphes mortuaires complétaient les dalles funéraires. Il s'agissait d'inscriptions sur les dalles de fondation de chapelles : « ...on pouvait esquiver le problème en substituant à la dalle tombale ce que l'on pourrait appeler une épitaphe, c'est-à-dire une

20 Ibid.

21 Op. cit., p. 67.

Andachtsbild commémorative, pas nécessairement liée au tombeau proprement dit, qui pouvait représenter une grande diversité de sujets religieux et dans laquelle l'effigie funéraire joue normalement le rôle d'un portrait de donateur ordinaire. »[22]

Dans *La Sculpture funéraire*, Erwin Panofsky décrit les éléments funéraires qui sont généralement présents dans les églises : « dans tout le monde transalpin, les types médiévaux habituels survécurent et coexistèrent au XVIe siècle : la dalle funéraire, la *tumba* et la tombe-dalle, l'épitaphe dans l'ensemble des régions, la tombe murale en France et en Espagne, et cette structure particulièrement impressionnante, la dalle agrandie à des proportions monumentales et dressée en position verticale, en Rhénanie. »[23] Quant au motif du cadavre, celui-ci s'est limité à certaines régions (Est de la France et Allemagne), il remplaçait le gisant et ramène la figuration du mort à une surface plane. Si l'illustration des morts se trouvait dans les manuscrits dès le XVe siècle, la danse des morts est un motif qui sera récurrent dans les églises. Quant à la vulgarisation d'objets macabres (crânes et os), celle-ci apparaît plus tardivement, vers la fin du XVIe siècle. Ce thème de l'horreur physique du pourrissement et de la décomposition était présent dans la poésie des XVe et XVIe siècles. En la représentant par des squelettes ou des crânes, « la mort est devenue le lieu où l'homme a pris le mieux conscience de lui-même. »[24] Ainsi l'homme du Moyen Âge « se reconnaît lui-même dans sa mort : il a découvert *la mort de soi*. »[25]

Quant à la peinture gothique, celle-ci favorise le développement du paysage, notamment dans les tableaux

22 Op. cit., p. 66.

23 Op. cit., p. 80.

24 Philippe Ariès, *Essais sur l'histoire de la mort en Occident*, Paris, Seuil, 1975, p. 41.

25 Op. cit., p. 45.

d'Albrecht Altdorfer. C'est au XVe siècle que la peinture allemande découvre l'homme en tant qu'individu. Chez de nombreux peintres de la Renaissance allemande, les silhouettes se découpent avec une fragilité extraordinaire. Les personnages donnent l'impression de planer, comme les figures volantes dans le ciel des paysages peints par Albrecht Dürer. Ces figures vivent dans des sphères supérieures, sans aucun contact avec la terre, dans un état de communion complète avec Dieu. Alfred Stange, dans *La peinture allemande*, explique le mysticisme de Maître Eckart qui sous-tend l'esthétique de nombreuses toiles : « Si le caractère subjectif de la piété a détruit le monde médiéval, les procédés artistiques qui l'expriment ont fait de même, en affirmant le sentiment de la vie individuelle, bien qu'il y persiste une certaine tendance contemplative vers l'au-delà. »[26] C'est donc un sentiment religieux qui accompagne des personnages endeuillés ou mourants dans les peintures d'Hans Pleydenwurff, dont le crucifié aux couleurs sombres se détache, tel un symbole éternel au-dessus de l'agitation vivante et colorée de la partie inférieure d'une Crucifixion. De même, Martin Schongauer renonce au paysage pour offrir des images de piété pure, calme et solennelle. Quant à Hans Holbein l'Ancien, il accorde moins d'importance au paysage et met l'accent sur les figures de personnages, s'attachant à rendre leur vie individuelle. Examinons une œuvre d'Albrecht Dürer. Dans sa gravure intitulée *Melancolia I* (1514), Dürer s'inspire de la tristesse des vierges byzantines. Toute la noire mélancolie du mystère douloureux s'inscrit sur les figures, figées dans une attitude mélancolique.

Mais plus intense encore est l'expressivité de l'œuvre principale de Mathias Grünewald (1470-1528). Dans le *Retable d'Issenheim*, une crucifixion des plus impressionnantes de la peinture occidentale, les proportions sont gigantesques, de plus, la complainte passionnée exprime une douleur infinie. Le martyre et la mort sont dépeints avec

26 Alfred Stange, *La peinture allemande*, Paris, Hypérion, 1950, p. 8.

un naturalisme cruel. Par les blessures sans nombre qui parsèment le corps du Christ, par les contorsions violentes et brutales qui déforment ses membres, par la crispation de ses doigts ainsi que par le reflet verdâtre de sa peau, s'exprime un deuil insoutenable. Marie semble rigide, presque inconsciente ; elle apparaît blanche comme un linge et est soutenue par saint Jean qui sanglote, désespéré.

Surprenantes sont les visions nocturnes, sinistres et funèbres des œuvres d'Hans Baldung, dit Grien (vers 1476-1545). Celui-ci s'attachait à peindre des tableaux macabres, telle la danse d'une jeune fille avec la mort ou les figures de sorcières grimaçantes. Hans Baldung Grien figurait parfois des têtes coupées. Les traits nerveux traduisent une violence morcelant les corps. Plus vibrant, le style de Lucas Cranach (1472-1553) montre des figures parfois trop statiques et des visages trop réalistes aux gestes frappants. Ce peintre de la Renaissance figurait Joseph et Marie sous la forme de personnages sylvestres dans la *Sainte Famille*. Quant à la Vénus qu'il figure, celle-ci répond à une conception gothique de la nudité féminine. Elle prend parfois des allures de femme fatale, au charme menaçant. Ses regards obliques perturbent le spectateur et semblent contourner la mort avec défi.

Le deuil romantique

Le romantisme a débuté en Allemagne vers 1798 pour durer jusque dans les années 1830. Concernant autant la littérature que la musique ou les arts visuels, ce mouvement succéda au classicisme alors représenté par Goethe ou Schiller. S'y expriment le sentiment, l'individualité ou l'expérience personnelle. Les exaltations de l'âme torturée sont une réaction à la froide raison des Lumières et à la nostalgie de l'Antiquité. Les peintres mettent en avant la *Sehnsucht*, ce sentiment particulier de nostalgie nimbé de mélancolie. Aussi l'expression du deuil trouvera-t-elle une résonance profonde et mystérieuse dans leurs peintures. On le découvrira tantôt niché au fond de vallées brumeuses, tantôt tapi dans des forêts sombres ou encore métaphorisé par des ruines d'abbayes médiévales. Contrairement aux poètes du classicisme de

Weimar et de l'*Aufklärung*, qui voulaient éduquer le peuple à travers l'art, les peintres romantiques cherchent un monde perdu dans les contes et les légendes ou dans les chansons populaires et le mysticisme du Moyen Âge. On ne s'étonnera pas de leur goût pour un monde obscur, parfois peuplé de fantômes ou fait de pactes avec le diable ; un monde de folie, où la mort est présente en filigrane comme dans les contes d'Hoffmann. Certains peintres, comme Caspar David Friedrich, vont s'enfermer dans une mélancolie profonde, fuyant le monde pour des contrées irréelles, s'évadant vers les hauteurs enneigées des paysages. Théoricien du romantisme, Friedrich Schlegel a marqué le mouvement par ses concepts. Selon lui, l'artiste doit être considéré comme un génie libre de sa création. Par ailleurs, le caractère fragmentaire devient l'une des caractéristiques des œuvres romantiques. Schlegel veut ainsi souligner le processus de création qui valorise l'arbitraire et la liberté de l'artiste.

Caspar David Friedrich : paysages endeuillés

Le thème de la nuit, le choix de couleurs sombres et la représentation de la solitude de l'homme face au paysage caractérisent les peintures de Caspar David Friedrich. Observons quelques œuvres de ce peintre né en 1774 à Greifswald, dans le nord de l'Allemagne. L'artiste étudia à l'Académie des beaux-arts de Copenhague de 1794 à 1798. Lorsqu'il s'installe à Dresde en 1798, il devient membre d'un cercle artistique et littéraire, empreint des idéaux du mouvement romantique. Après quelques portraits, Friedrich travaille sur des paysages de la Baltique, notamment l'île de Rügen. Aussi trouve-t-on, dans ses premiers dessins, des sujets comme les plages rocailleuses, des plaines monotones et des landes. Les paysages qu'il compose ne se limitent pas à de simples descriptions topographiques. Les personnages s'y promènent en solitaires ou en compagnie, parfois en méditation ; d'autres fois, ils semblent suspendus dans la contemplation d'étendues. Si sa méthode de travail se fonde sur l'observation attentive de la nature, Friedrich, qui fut influencé par sa foi et la philosophie romantique, chercha rapidement à donner une dimension spirituelle à ses tableaux. Ses toiles témoignent d'une aspiration de l'homme vers l'infini et se doublent d'une connaissance intime de la nature.

En 1810, l'artiste reçoit la visite de Goethe. C'est aussi cette année qu'il réalise sa première toile inspirée par ses randonnées dans les montagnes proches de Dresde (*Matin dans le Riesengebirge,* 1810-1811, Alte Nationalgalerie, Berlin). Par la suite, il réalisera de nombreuses toiles ayant pour motif des montagnes perdues au milieu de brumes ou de nuages, telle *Le Voyageur contemplant une mer de nuages* (1817, Kunsthalle, Hambourg). En 1817, Friedrich se lie d'amitié avec Carl Gustav Carus, savant et peintre romantique, avec lequel il partage la même conception du paysage. Loin de tout sentiment pittoresque, le style de Friedrich s'écarte du symbolisme religieux traditionnel. Subsistent toutefois des motifs gothiques comme les moines, les cathédrales ou les processions, des motifs qui sont étroitement liés à l'expression d'un deuil inconnu.

Examinons le sentiment religieux présent dans certaines de ses toiles. Sa première grande peinture est le fruit d'une commande passée par le comte de Thun-Hohenstein qui cherche à orner un autel. Il s'agit du *Retable de Tetschen* (1807-1808, Staatliche Kunstsammlungen, Gemäldegalerie, Dresde). Par sa conception radicalement nouvelle, qui place le paysage au centre d'un sujet religieux, Friedrich déclenche une polémique sur l'utilisation allégorique et mystique du paysage. Dans cette toile, la représentation du Christ en croix prend place sur fond d'un coucher de soleil en montagne. D'après les propres écrits de Friedrich, tous les éléments de la composition ont une signification symbolique : les montagnes sont des allégories de la foi ; les rayons du soleil couchant symbolisent la fin du monde pré-chrétien tandis que les sapins incarnent l'espoir.

Dans la majeure partie de ses paysages, les tonalités sont généralement froides, tandis que le ciel reste clair par souci de contraste. Toutefois, certains détails comme des arbres décharnés ou des rochers mélancoliques traduisent un sentiment de solitude : « Ses paysages ont une religiosité mélancolique et mystérieuse. Ils frappent l'âme bien plus que le regard… »[27] Par ces images de paysages froids, c'est aussi l'impuissance de l'homme face aux forces de la nature que le peintre désire exprimer.

Des événements tragiques, une succession de deuils vont influer sur les thèmes de sa peinture. Entre 1781 et 1791, les membres de sa famille décèdent un par un. En 1781, il perd sa mère et sa sœur Elisabeth. En 1787, c'est son frère Christopher qui décède accidentellement lors d'une noyade sur la mer baltique (en faisant du patinage). Et en 1791, sa sœur Maria. Cette série de deuils amène le peintre à méditer sur la mort. Ses paysages s'en trouvent assombris.

Aussi remarquons-nous plusieurs phases dans la peinture de Caspar David Friedrich. Certains paysages sont baignés d'une lumière chaude, au couchant du soleil, comme les plages du Nord de l'Allemagne, notamment à Rügen, tandis que d'autres présentent des sujets sombres et pessimistes. Dans *Homme et femme contemplant la lune* (1824, Nationalgalerie, Staatliche Museen zu Berlin), un couple vu en contre-jour se distingue à peine des silhouettes des arbres noueux et des rochers. Ils se fondent dans le décor brumeux, dont les ombres ont une résonance tragique. On notera la récurrence de figures de couples. Si certaines toiles montrent un voyageur solitaire, d'autres présentent une femme à la fenêtre ou seule dans un paysage. Dans *Les deux Sœurs sur la Terrasse devant le Port* (1818-1819, Musée de l'Ermitage, Saint Petersbourg), ce sont deux femmes vues de dos qui contemplent des mâts de bateaux émergeant de la brume. Les deux flèches d'une église gothique s'élèvent vers le ciel poudré de mauve. Celles-ci apparaissent comme des

[27] *Dictionnaire de la peinture allemande et d'Europe centrale*, Paris, Larousse, 1990, p. 4-5.

échos des silhouettes féminines. L'idée de double est ici mystérieuse. Rêve de fusion ou désir d'harmonie idéale ? Le spectateur s'identifie à ces personnages qui regardent le paysage, tournés vers l'horizon, souvent figurés de dos. Ils nouent un lien avec le spectateur, lui-même pris dans la contemplation de la toile. Cependant, Friedrich ne place pas toujours des personnages au premier plan, ceci afin de nous plonger plus directement encore dans le paysage.

Lorsqu'il reçoit le Grand Duc Nicolas, futur Tsar de Russie, en 1820, qui lui commande un tableau devant représenter un paysage nordique dans son « *effroyable beauté* », Friedrich peint *Le naufrage de l'Espoir* (1820). Cette toile aujourd'hui disparue a longtemps été confondue avec un tableau intitulé *La Mer de glaces* (1823-1824, Kunsthalle, Hambourg). Il s'agit du naufrage d'un bateau écrasé par des blocs de glace. Ici, la vision du deuil se fait à travers l'idée de la mort et de la Nature toute-puissante. Pour Caspar David Friedrich, l'œuvre est le lieu où le peintre amène au jour ce qu'il a vu « dans les ténèbres afin que cette image agisse sur ce qui la regarde de l'extérieur vers l'intérieur... »[28] C'est en voyant ce tableau lors d'une visite à l'atelier de Friedrich en 1834, que le sculpteur français David D'Angers trouvera cette formule célèbre qu'est « *la tragédie du paysage* ».

Brumes spectrales

Dans de nombreuses toiles, les fonds brumeux relèvent d'une aspiration à la monochromie tandis que les contre-jours déréalisants font apparaître les personnages comme des ombres parmi un décor fait de nuées, de souffles, de buées... Ainsi, *Le Voyageur contemplant une mer de nuages* (1817) présente un personnage solitaire vu de dos. Placé au sommet d'un pan rocheux, il contemple une étendue de nuages. Le point de vue légèrement en plongée insiste sur les amas brumeux d'une mer de nuages, d'où émergent quelques

---

28 Caspar David Friedrich, Carl Gustav Carus, *De la peinture de paysage*, Paris, Klincksieck, 1988, p. 12.

masses montagneuses. Quant aux montagnes, elles permettent au peintre de se hisser sur des cimes vierges et d'adopter un point de vue quasi divin. On remarquera le savoureux contraste entre les teintes brunes des rochers et les nébulosités mauves et rosées. Seul point sombre dans cette toile, la silhouette du promeneur, qui pourrait faire sienne cette réplique du *Prince de Hombourg*, d'Heinrich von Kleist :

> « Maintenant je distingue encore des couleurs et des formes
> Et maintenant tout est brouillard étendu sous moi. » (Acte I, scène X).

Dans cette toile, les nuages fonctionnent comme une réserve, une césure ; Friedrich suggère ainsi l'étrangeté, le mystère, voire le trouble devant le spectacle de la nature. Observons d'autres toiles brumeuses. Nous quittons les hauteurs pour une plage rocailleuse de couleur sépia. Cette étendue grise occupe le premier plan d'une peinture envahie par une brume dense et peu colorée. Formée d'un amas de fines goutelettes, la brume est traitée de façon à faire ressortir sa densité. Cette toile tend à rendre compte d'une atmosphère. La mer est calme, silencieuse. Il n'y a pas un souffle de vent sur ce bateau sans voile et fantomatique, qui est happé par le brouillard et que le spectateur distingue à peine. Le paysage serait-il le lieu d'une illusion ?

Autre décor, cette fois champêtre, dans *Le Matin de Pâques* (1830-1835). On peut y voir trois personnages de dos marchant sur une route encadrée d'arbres dénudés. Le ciel rose est brumeux. Cependant, la brume n'est pas assez épaisse pour cacher l'horizon que l'on entrevoit sous la forme du contour arrondi d'une colline. La campagne est encore endormie par cette froide matinée hivernale. Le titre semble évoquer un pèlerinage religieux. Les personnages marchent sans doute au petit matin pour se rendre à l'église. Autre vision empreinte de religiosité mais toutefois plus inquiétante dans *Paysage d'hiver avec église* (1811, Museum für Kunst und Kulturgeschichte, Schloss Cappenberg, Dortmund). Une église aux flèches gothiques surgit de la brume rose et mauve, localisée en arrière-plan. L'église semble flotter telle une vision funèbre. Le paysage hivernal se fait subtile invitation à une communion avec la nature investie d'un sentiment religieux.

C'est souvent à partir de croquis et en assemblant des vues improbables, que Friedrich compose ses toiles et tend à manifester la petitesse de l'homme face à la nature. Celui-ci ne règne plus en maître. Certaines toiles présentent un décor réduit. Il y a peu ou pas de bâtiments. Le sol est souvent en partie enneigé comme dans *Forêt de sapins sous la neige* (1828, Neue Pinakothek, Munich). Quelques sapins poudrés de neige émergent d'un fond brumeux. La palette est d'un gris laiteux. Le cadrage assez large permet de voir l'élancement des troncs des sapins ainsi qu'un chemin qui mène à un bois d'épicéa. Le ciel est réduit à une masse d'arbres, dont les aiguilles sont couvertes de quelques touches de neige. Cette manifestation physique du froid sous la forme de neige poudrée permet au peintre de nous projeter dans un espace où règne une sorte de liberté métaphysique. De manière symbolique, la neige est un avertissement de temps austères. Elle exprime parfois la désolation. Elle est en corrélation avec le froid, le gel, la vie suspendue. Elle traduit l'idée d'immobilité qui accompagne toute contemplation. Autre vue : *L'Abbaye dans la forêt* (1809), dont l'écrivain Heinrich von Kleist disait que c'était une peinture à « couper les paupières ». On y découvre un cimetière au premier plan. Plus loin, une abbaye dévastée déchire le ciel. Les arbres morts sont recouverts par la neige, qui souligne la commémoration du deuil. Ici, nul personnage. Aucun promeneur. Le spectateur est laissé seul face à ce paysage solennel.

Cercueils de glace

Plus mordantes, les vues de paysages glacés donnent une idée négative du froid ultime (*La mer arctique,* 1823-1824, Hamburger Kunsthalle, Berlin). Des études à l'huile de blocs de glace valorisent des tons sépia et bruns. Le gris des blocs évoque un cercueil envahi par l'humidité. C'est toute la dureté de la glace figée, de cette congélation, qui intéresse le peintre. Dans l'*Epave prise dans les glaces* (1824), on découvre une composition pyramidale. Au centre du tableau, des blocs glacés séparent de la haute mer le mouvement implacable de la banquise, écrasant un bateau prisonnier. « Fracassés, soulevés, exhaussés par l'épave prisonnière d'eux, les blocs de glace se dressent en un édifice qui conserve, au-delà du terme de la tragédie, la figure du bateau naufragé. »[29] Il s'agit en effet d'un naufrage de la figure dans un fond illimité. Vision d'anéantissement. Devenue banquise, la peinture absorbe à son tour les figures fantômes. Ce tableau polaire a suscité de nombreux commentaires. Les navires pris dans la banquise qui se forme n'ont en général d'autre solution que de rester sur place et de préparer leur hivernage. Seul un navire conçu pour supporter la pression exercée par la glace a de bonnes chances de résister. En représentant un navire figé dans la banquise, Friedrich donne une vision négative de la vie, comme s'il s'attachait à dépeindre une situation bloquée. Cette image du chaos semblerait rejoindre les théories de Schlegel sur l'art. Touchant à l'indicible, l'œuvre devient plus difficile à comprendre, selon le théoricien. Elle n'est plus simple paysage à contempler. Son rôle est de dévoiler un ailleurs : « Ce monde infini, n'est-il pas lui-même formé par l'entendement à partir de l'incompréhensibilité et du chaos. »[30] Dans un roman de Ludwig Thieck *(Les Pérégrinations du peintre Franz Sternbald*, 1798), un personnage décrit un paysage qu'il traverse :

> « Ici, nulle action, nulle idéalité, s'exclame Franz, uniquement des reflets, des formes entremêlées qui se meuvent comme des ombres presque méconnaissables. Mais si vous voyiez un

[29] Pierre Schneider, *Petite histoire de l'infini en peinture*, Paris, Hazan, 2001, p. 344.

[30] Michel Le Bris, *Le défi romantique*, Paris, Flammarion, 2002, p. 388.

tel tableau, ne vous laisseriez-vous pas absorber avec une puissante nostalgie dans cet objet. »[31]

Le retrait du monde

Après une crise d'apoplexie en 1835, Caspar David Friedrich devient mélancolique et se retranche du monde. Il abandonne la peinture à l'huile, puis progressivement le dessin qu'il arrête définitivement en 1838. Il meurt dans l'indifférence générale en mai 1840 à Dresde. Déjà, nombreuses sont ses œuvres qui mêlent le froid et la mort. La mise en scène d'un espace froid souligne des effets d'effacement, qui peuvent traduire l'expérience de la disparition. A cela s'ajoutent des tombes ou des vues de cimetière. Friedrich compose des images tragiques du *no man's land* de la mort. Les arbres qu'il peint sont démembrés, décharnés ; survivants solitaires à une nature hostile, ils évoquent un drame familial ou un cycle de mort.

Observons le *Cimetière dans la neige* (1826, Museum der bildenden Künste, Leipzig). Ce paysage hivernal est investi de pathos. Les arbres dénudés, le portail de pierre massif, les pierres tombales recouvertes de neige et la fosse au premier plan, tout concourt à donner une idée de la mort au sein du paysage. Seuls signes de présence humaine, ces deux pelles qui attendent le travail du fossoyeur qui est absent. A qui est destinée cette tombe ? Au peintre ? Au spectateur ? Plus solennelle, *Tombe hunnique sous la neige* (vers 1807, Kunsthistorisches Museum, Vienne) présente un menhir dressé au sommet d'une légère colline recouverte de neige. Celle-ci est encadrée par trois arbres morts qui découpent des lignes nerveuses sur le fond du ciel brumeux. L'idée de solitude est forte et soulignée par l'absence de personnages. Enfin, dans *Cabane sous la neige*, toile de petit format aux tons sépia, le froid est traduit par le brouillard flou et par la

---

[31] Cité par Julie Ramos, « Un art intérieur et cosmique : la peinture de paysage romantique », in *L'invention du sentiment*, Paris, Réunion des musées nationaux, 2002, p. 69.

neige qui est posée en touches sur les arbres nus et sur le sol. Cette cabane évoque le refuge d'un ermite qui se serait retiré du monde. Ultime abri ? Tumulus ? L'hiver évoque ici la période de la fin de la vie. Le froid tel qu'il est représenté s'apparente à la fin de l'existence. Quant à cette toile sépia intitulée *L'hiver*, celle-ci reprend certaines compositions et des détails présents dans d'autres toiles, comme les arbres décharnés, les ruines d'une église gothique, des tombes éparses, autant de motifs liés à l'idée de la mort. Deux personnes se reposent dans ce décor mélancolique, invitant à une méditation sur la condition humaine. Plus sombre encore et particulièrement lourd, le ciel devient quasiment noir dans *Paysage d'hiver* (1811, Staatliche Museen, Schwerin). De nombreux arbres semblent avoir été abattus. Celui qui est placé au premier plan penche dangereusement et paraît sur le point de chuter. La neige a recouvert tout le paysage, ôtant tout repère. Un personnage solitaire, penché sur une canne, paraît blessé. Il n'est plus en contemplation comme les promeneurs méditatifs des anciens paysages. A l'inverse, cette figure reste perdue au sein de l'immensité ténébreuse de ce paysage d'hiver désolé.

Deuils expressionnistes

Parfois angoissées, teintées de visions pessimistes, les œuvres expressionnistes visent à inspirer des réactions émotionnelles chez le spectateur. Ce mouvement artistique, qui apparut au début du XXe siècle, ne concerne pas seulement la peinture mais aussi la littérature, le théâtre, le cinéma ou la musique. Dans les années trente, le régime nazi considéra ce type d'œuvres comme relevant d'un art « dégénéré ». Hantées par la menace de la Première guerre mondiale, les œuvres expressionnistes prennent des formes très agressives. Les couleurs sont violentes, les contours acérés. Situé en Europe du Nord et notamment en Allemagne, l'expressionnisme est avant-tout une réaction contre l'académisme et les valeurs de la société bourgeoise. C'est le critique d'art Wilhelm Worringer qui, en 1908, parlera le premier d'« expressionnisme ». Deux écoles ancrent le mouvement artistique dans deux régions allemandes. *Die Brücke* (le pont) est fondé à Dresde en 1905 par les peintres Ernst Ludwig Kirchner, Erich Heckel et Karl-Schmidt-Rottluff. D'autres peintres comme Max Pechstein et Emil Nolde les rejoindront en 1906, suivis par Otto Müller en 1910. Ce groupe visait à liquider les conventions traditionnelles et les canons académiques. Le but était notamment de libérer la couleur et d'exprimer les émotions brutes de l'artiste. Par ailleurs, les œuvres se doublent d'une critique de la société bourgeoise et conservatrice, notamment dans leur choix de dépeindre les rues et la vie urbaine de Berlin avec des silhouettes décharnées et des couleurs acides, qui heurtent le bon goût. Cette révolte expressionniste est avant tout celle de la force de la couleur pour Ernst Ludwig Kirchner :

> « La lumière moderne des villes, le mouvement dans la rue ; voilà mes stimuli. Une nouvelle beauté couvre la terre qui n'est pas tributaire du détail. Nourri de cette expérience, j'ai aussi vu la nature sous un autre jour. L'observation du mouvement excite ma pulsion vitale, source de création. Un corps en mouvement montre ses différents aspects partiels qui fusionnent ensuite dans une forme d'ensemble : l'image intérieure. »[32]

En effet, les scènes de rue peintes par Kirchner, de même que les visages anguleux, sont empreints d'une étrange poésie, aussi violente que sombre, à l'image des couleurs employées. Le rythme fascine le peintre, qui tente de fixer les mouvements de la rue dans ses dessins et peintures. Parfois, certaines rues de Berlin peuvent être reconnues, comme la Postdamerplatz ou la Friedrichstrasse. Mais le climat d'étrangeté est bien lourd. On se perd dans la contemplation des silhouettes décharnées, vertes ou violettes, qui figurent des

---

32 Ernst-Ludwig Kirchner, cité par Jean-Michel Palmier, *L'Expressionnisme et les arts*, Paris, Payot, 1979, p. 95.

femmes flottant dans les rues, affranchies d'une perspective classique. Le monde vacille. De plus, les lignes anguleuses, voire brisées, coupent les personnages, faisant violence à ce qui est représenté.

En 1913, se dissout le groupe *Die Brücke*, tandis qu'en 1912, se forme un autre groupe d'artistes à Munich. Nommé *Der Blaue Reiter* (le cavalier bleu), ce groupe rassemble des artistes comme Wassily Kandinsky, Franz Marc, August Macke, Alexeï Jawlensky ou Paul Klee. Le nom de *Blaue Reiter* vient de l'amour de Kandinsky pour les cavaliers et de celui de Franz Marc pour les chevaux. Se distinguant de *Die Brücke*, ces artistes prônent un art spirituel et parviennent parfois à l'abstraction. Ce groupe sera nourri par la pensée de Kandinsky, originaire de Moscou, qui arriva à Munich en 1896, et notamment par sa théorie de l'art qui sera publiée dans son livre intitulé *Du Spirituel dans l'Art* en 1912. Ainsi Kandinsky n'hésite-t-il pas, dès 1910, à faire le deuil de la figure et à réaliser ses premières aquarelles abstraites. Avec la guerre de 1914-1918 et la mort d'August Macke puis celle de Franz Marc, le groupe se dispersera en 1919. Aussi le deuil trouve-t-il une expression particulière avec les morts de la Première guerre mondiale, plus ou moins figurables. De nombreux artistes représenteront les soldats blessés et les morts de cette guerre.

Après avoir tenté de donner une image de l'apocalypse spirituelle du monde moderne, Franz Marc va trouver la mort prématurément à Verdun, le 4 mars 1916. Si Franz Marc est persuadé que la mission de l'art est de créer les symboles d'une nouvelle religion, il s'intéresse tout particulièrement à la nature et au monde animal. Mais dans les œuvres qui précèdent la Première guerre mondiale, c'est une vision pleine de chaos qui va prendre le pas sur les peintures à tonalités bucoliques. La prémonition d'une catastrophe imminente se fait dans des toiles dévastées, où la force destructrice domine. C'est donc une peinture de la souffrance que propose Franz Marc, tout comme de nombreux peintres expressionnistes.

Quant à Wassily Kandinsky, son *Improvisation n°30* de 1913 sous-titrée *Canons* est pour lui une mise en scène d'instruments de destruction et de guerre. On qualifiera de réalisme expressionniste le style de ces œuvres qui décrivent le réel de manière brute, comme chez Otto Dix, Georg Grosz ou Max Beckmann. La vision du monde va jusqu'à la caricature chez Grosz, notamment dans ses portraits de femmes au visage déformé ou d'hommes gras et cyniques. Là, les infirmes exhibent leurs moignons et les prostituées, trop fardées, témoignent d'une peinture agressive et virulente. La laideur des corps et des visages caricature, en effet, la bourgeoisie des années vingt. De plus, les images de soldats assassins, les cadavres qui jonchent les toiles ou les mendiants mutilés firent scandale dans les années qui précédèrent la montée du nazisme. Certaines de ses œuvres furent saisies, détruites ou brûlées, comme spécimens d'un « art dégénéré ».

Avec John Heartfield, les images cinglantes et critiques de la société allemande traduisaient avant tout la vision du chaos social, dans une ville où la proximité avec la mort était évidente. Ce mélange de frivolité et de cruauté témoigne de la révolte contre les conséquences de la Première guerre mondiale. Cette image réaliste et grinçante du monde prend ici toute sa dimension ironique. Après cette guerre dévastatrice, nombreux sont les artistes qui semblent avoir perdu le contact au réel, comme les soldats allemands de la Première guerre mondiale décrits par Ernst Jünger :

> « Nous persistons à percevoir les choses, mais
> elles ne nous disent plus rien... »[33]

Ungemalte Bilder

Portons notre attention sur les peintures d'Emil Nolde, né en 1867 dans la région du Schlesswig-Holstein près de la frontière danoise. Après avoir appris le dessin à Karlsruhe, puis enseigné en Suisse jusqu'en 1897, Nolde a voyagé à

---

[33] Ernst Jünger, *La guerre comme expérience intérieure*, Paris, Christian Bourgois, 1997, p. 117.

Munich, à Paris, à Copenhague et à Berlin. Il séjournera souvent dans l'île d'Alsen. Faisant partie du groupe artistique *Die Brücke* jusqu'en 1907, il fut influencé par le primitivisme. Vers 1909, après une grave maladie, il commença à peindre des tableaux d'inspiration mystique.

C'est à Dresde qu'il expose ses premières toiles dès 1906. Celles-ci montrent des paysages aux couleurs vives. La pâte épaisse et confuse traduit des états d'âme. Ces vues se font de plus en plus brutes, jouant avec les limites de l'abstraction. Emotif et passionné, Nolde détruisait ses toiles lorsqu'elles ne lui plaisaient pas. Un séjour de plusieurs mois dans des îles du Pacifique en 1913 lui permet d'effectuer de nombreux croquis et aquarelles, dans lesquels il dépeint les peuples rencontrés, comme les paysages. Il mêle relevés floraux et vues exotiques, qu'il poursuivra à son retour en Europe. Pour fuir la violence de la Première guerre mondiale, il se retire à Seebüll où il finit ses jours en 1956. Les nazis l'expulseront de l'Académie des arts et lui interdiront de peindre. Il subira cette campagne contre un art jugé dégénéré et beaucoup de ses œuvres seront confisquées.

Les thématiques qu'il aborde successivement comme les paysages, les visions bibliques, les études florales, les nuits de Berlin, les paysages de sa région natale, les vues de mer et les « peintures non peintes » comportent toutes ce style vif, ces couleurs mordantes, parfois crues. Partagé entre son amour pour sa terre natale du Schleswig et sa fascination pour les visions nocturnes de Berlin, l'artiste choisit la solitude en s'isolant progressivement de la vie sociale. Il ira au-delà de l'interdiction de peindre des nazis en réalisant secrètement une série de 1300 aquarelles qu'il nomme les « peintures non peintes » (*Ungemalte Bilder*). Il s'agit d'œuvres aux accents colorés, de paysages saturés de couleurs. Si les peintures du Schleswig-Holstein – mornes plaines, horizons bas et ciels brumeux – semblent reprendre les traditions des paysages et des marines d'Europe du Nord, les vagues, les brumes et les nuages fuyants se dissolvent souvent dans une atmosphère mystérieuse, parfois teintée d'une énergie mystique.

« L'âge du deuil »

Au XXe siècle, l'œuvre artistique devient un lieu d'expérimentations et de reprises. L'époque contemporaine voit apparaître de nouvelles formes artistiques, des matières neuves et des matériaux inédits, parfois industriels. Fleurissent également des médiums récents, comme celui de la vidéo ou de l'art numérique. Les langages artistiques varient également. Les performances et les installations permettent d'approfondir la relation du corps à l'œuvre ou l'appréhension de l'objet artistique dans l'espace. Tout ceci ouvre sur de nouveaux rapports au temps, modifiant l'approche du spectateur et le concept d'art lui-même. Toutefois, l'on peut se demander, comme le critique d'art Paul Ardenne, si certaines formes esthétiques contemporaines ne se limitent pas à répéter des actes artistiques antérieurs : « Saisi dans ce prisme de l'après-coup moderne, l'art de l'âge contemporain sera dès lors compris comme art de l'âge du deuil. Un deuil réellement castrateur, inhibiteur. Tout n'est plus possible, le temps des inventions, en large part, est révolu. »[34] Tout serait-il cependant figé dans des attitudes déjà éprouvées comme le pense Paul Ardenne ? L'art contemporain serait-il voué à la reprise de gestes avants-gardistes inlassablement réitérés ? Ou lui reste-t-il des possibilités d'innovation en matière de postures et de styles ? On remarquera quelques démarches relevant d'une poussée prospective chez certains artistes contemporains, tandis que d'autres sont tournés vers le passé et semblent pris dans un mouvement rétrospectif : « Où la modernité, dans son rapport à la représentation, bouscule la donnée acquise, c'est en effet en ce qu'elle vient bientôt remettre en cause le *besoin* même d'une reproduction à l'identique de l'apparence des choses. »[35]

---

[34] Paul Ardenne, *L'âge contemporain*, Paris, éditions du Regard, 1997, p. 34.

[35] Op. cit., p. 35.

La réaction artistique à la Seconde guerre mondiale peut apparaître de manière métaphorique chez certains artistes. Certains dépeignent les effets dévastateurs de la guerre sur le paysage. Les carcasses tordues, les enchevêtrements de bâtiments détruits, les poutrelles ployées, les fragments d'objets ne se distinguent guère des conséquences d'une catastrophe naturelle. Le paysage urbain prend une dimension tragique. Ces ruines font sentir à la fois une douleur et une destruction intenses. Les artistes mettent en scène cette force terrifiante et montrent des paysages de désolation et de mort. Mais plus loin encore vont certains artistes comme Joseph Beuys, qui fait de son expérience de la guerre la clef de voûte de sa démarche artistique. Or « cet excès mémorial peut être subi comme une entrave, de manière plus inhibitrice que créatrice. »[36]

La pensée de Theodor Adorno, théoricien de l'Ecole de Francfort, permet d'éclairer notre regard sur des œuvres créées dans l'héritage de la Seconde guerre mondiale. Selon le philosophe, l'art a pour but de « traduire la souffrance dans un monde victime de la catastrophe et de l'horreur. »[37] Si l'art est, comme il le pense, inévitablement lié à la catastrophe de l'extermination des Juifs et à l'horreur la Shoah, il ne peut « revêtir un sens autre que dans la négation du monde présent. Auschwitz et la Shoah ont démontré (...) l'inanité de la culture occidentale, impuissante à prévenir l'innommable et incapable d'y apporter un remède. »[38]

Cette vision fait de l'expérience artistique « le témoin des souffrances accumulées au cours de l'histoire. »[39] Or doit-on observer l'art allemand contemporain uniquement à travers ce prisme douloureux ? Si l'on admet que l'œuvre est un lieu où apparaissent « des mouvements de l'inconscient réels et

---

[36] Ibid.

[37] Marc Jimenez, *Qu'est-ce que l'esthétique*, Paris, Gallimard, 1997, p. 391.

[38] Ibid.

[39] Op. cit., p. 392.

non déguisés, des chocs, des traumas »[40], on notera des attitudes parfois ambivalentes de la part des artistes vis-à-vis de leur histoire.

Ainsi, dans les années soixante, Markus Lüpertz ou Anselm Kiefer revendiquent une singularité qui se veut inscrite dans l'héritage culturel germanique. Anselm Kiefer travaille principalement sur l'histoire allemande en produisant des œuvres empreintes d'une tonalité triste et mortifère. En cela, il pourrait confirmer la théorie d'Adorno. De lourde charge, ses œuvres en plomb reflètent une vision du monde enténébrée : elles sont prises dans une mémoire chargée. Un sentiment de culpabilité émane de ces toiles immenses ou de ces installations plongeant le spectateur face à un rite funèbre mystérieux. Quant à Markus Lüpertz, il a travaillé directement sur le thème de la guerre, faisant de certains objets militaires un motif récurrent. Ainsi les casques, les canons, les chars ou les uniformes apparaissent agrandis de manière démesurée sur d'immenses toiles aux couleurs ternes. Les paysages de guerre, les champs ravagés sont chargés de tristesse. Cet intérêt porté aux traces, aux débris montre l'importance accordée par l'artiste aux réminiscences et aux impacts de la guerre. Le travail de création paraît ici indissociable de cette prise en charge de l'Histoire.

Après la Seconde guerre mondiale, l'abstraction domine la scène artistique. L'Allemagne et l'Europe entière se retrouvent divisées en deux blocs : celui de l'Est et celui de l'Ouest, qui partagent le pays en deux zones antagonistes. Cette séparation politique et culturelle créé une situation particulière. Ainsi, l'histoire de l'art est-elle abordée différement en Allemagne de l'Est et en Allemagne de l'Ouest. Cette scission a donc de longs retentissements. Après le traumatisme du national-socialisme, la situation culturelle est précaire à Berlin, ville où résident des artistes comme Georg Baselitz ou Markus Lüpertz. Tandis qu'à Düsseldorf, la

40 Theodor W. Adorno, *Philosophie de la nouvelle musique*, Paris, Gallimard, 1962, p. 50.

personne de Joseph Beuys suscite un engouement pour des disciples comme Anselm Kiefer, Gerhard Richter ou Sigmar Polke. Les premières manifestations marquantes à Berlin furent les deux expositions d'Eugen Schönebeck et de Georg Baselitz : *Pandämonium I* et *Pandämonium II*, expositions qui furent chaque fois l'occasion d'un manifeste (1961 et 1962). L'homme allemand se retrouva cependant plus que tout autre divisé, son pays devint celui de la schizophrénie, comme l'exprime Baselitz dans son tableau *Die Grosse Freunde* (1965), qui revendique une prise de position contre l'esthétique communiste de l'Allemagne de l'Est.

Quant à Jorg Immendorf, lui aussi natif d'Allemagne de l'Est, il envisage l'acte de peindre ou de sculpter comme un art guerrier. On trouve, pêle-mêle dans ses toiles, des aigles, des canons, des coutures... Les thèmes s'entremêlent. En se référant à l'Histoire, Immendorf s'en prend aux commémorations. Ainsi ses toiles peuvent rappeler le théâtre de Bertold Brecht, lorsqu'il propose des caricatures visant à inquiéter le monde. Ses sculptures, comme ses fragments polychromes, montrent un univers haché et violent. Dans sa toile intitulée *Café Deutschland*, l'artiste illustre son pays cassé et divisé. La situation allemande y est figurée sous la forme d'un monde coupé en deux, fissuré. Il s'agit également d'une guerre des styles qui oppose l'esthétique berlinoise à l'école de Düsseldorf.

A l'inverse, d'autres artistes ont exprimé le désir de « revenir à zéro », c'est-à-dire de faire table rase du passé et de s'ouvrir à un style détaché de tout héritage pesant. Cette volonté de prendre un nouveau départ réunit le groupe « Zéro » de Düsseldorf. Le nom de ce groupe exprime la notion d'absence ou de vide. Cette approche radicalement conceptuelle détermine une volonté d'afficher un art informel combiné à une abstraction épurée que l'on découvre lors de l'exposition *Documenta 3* de 1964 à Kassel. On y voit le travail minimaliste de Günther Uecker, qui investit des surfaces de clous. Mais c'est la figure de Joseph Beuys, qui domine cette scène artistique par son idée de faire de son histoire personnelle l'expression d'une catharsis. Sa démarche prend la forme du chamanisme. Il s'instaure donc comme un nouveau prêtre de l'art, dont le but est de guérir la société.

Si les peintres romantiques ont abordé fréquemment le deuil, l'associant à une forêt d'arbres morts ou au squelette d'une église en ruine, ils donnaient au paysage une dimension tragique. En revanche, les artistes contemporains jouent avec une esthétique du reliquaire ou de la stèle, réalisant des installations où le dispositif entraîne le spectateur dans une expérience directe. Or ce thème du deuil s'instaure-t-il comme champ traumatique ou comme champ initiatique dans l'art allemand contemporain ?

Art du deuil, art du décept ?

A l'ère contemporaine, les artistes jouent avec le goût ambiant et surprennent les spectateurs non pas en créant un événement, mais, à l'inverse, en faisant l'apologie de non-événements, cherchant à s'affranchir des frontières de l'art. Certains passent aisément de l'extase spirituelle au kitsch trivial, du théâtre de l'absurde à un art troublé, endeuillé, peu facile à définir et qualifié par certains « d'art déceptif ». A travers le prisme du deuil, nous essaierons de comprendre pourquoi une certaine tristesse ou mélancolie imprègne de nombreuses œuvres allemandes contemporaines. Parfois inspirées de la négativité propre à l'esthétique de l'école de Francfort, théorisée par Theodor Adorno, les œuvres modifient nos attentes et nos perceptions. Surfant avec les limites de l'évanescence, l'œuvre est parfois presque niée : des sculptures fondues, des mots écrits à la craie sur un tableau noir, de la cendre, du plomb fondu... Dans ce cas, l'art ne risque-t-il pas de perdre son pouvoir de sublimation et de transformation ? Peut-il conserver une fonction cathartique ? Nous tenterons de répondre à ces questions en analysant la spécificité de leurs postures.

Partie II : Artistes du deuil dans l'art allemand contemporain

Dieter Appelt : rites funéraires

Pour celui qui découvre les œuvres de Dieter Appelt, né en 1935 en Allemagne, une ouverture d'esprit à des champs variés est nécessaire. Après avoir étudié la musique à l'Académie de Leipzig et la photographie subjective à l'Ecole des beaux-arts de Berlin, Appelt décide de se consacrer essentiellement à l'image dès 1970. Nommé professeur à l'université des Arts de Berlin, il y enseigne depuis 1982. Dans ses œuvres, l'artiste mêle le souffle, la profondeur, les formes sculpturales, les miroirs et l'image de soi à travers des actions exercées par son propre corps. Il met donc en scène son corps à la manière d'une sculpture. Les images qui en résultent surprennent par leur aspect exhibitionniste et questionnent l'identité.

Tour à tour chanteur d'opéra, dessinateur, photographe, cinéaste et sculpteur, Dieter Appelt propose des images étonnantes, parfois angoissantes, croisant l'introspection et la réflexion sur la douleur d'être au monde. Les rituels qu'il mime lui permettent d'expérimenter des sensations comme le repli, la suspension ou l'abandon de soi dans des postures qui lui font ressentir le froid atmosphérique autant que l'environnement naturel. Les images qui en résultent sont tantôt tourmentées, tantôt apaisées. Ici, l'être humain se trouve face à l'idée de sa propre mort. L'on croise ainsi des photographies, des objets sculpturaux et des dessins. S'approchant de la question de l'autoportrait, cette œuvre intense s'apparente au body art.

C'est avec le médium photographique qu'Appelt rend compte de cérémonies d'exposition et de rites privés, dont il perpétue les traces. Il faut remettre son travail dans le contexte des « Aktionen » viennoises. Les performances autrichiennes visaient à mettre l'accent sur l'exposition du corps de l'artiste, soumis à toutes sortes de sévices et de dommages. Si Appelt se dit plus sensible aux actions de Rudolf Schwarzkogler ou de Joseph Beuys, il cherche avant tout à mettre en relation la figure de l'artiste avec le corps social. Il le fait en montrant son visage, ses mains ou son corps dénudé et à travers des événements quotidiens, où les poses vont de la fraction de seconde à plusieurs heures. Si les Actionnistes viennois éprouvent et exposent leurs blessures réelles, exhibant, mutilant ou inventant leur corps, ils obéissent principalement à une pulsion masochiste : « Aux squelettes laqués et grimaçants, Hermann Nitsch et Rudolf Schwarzkogler préfèrent les grands mimes masochistes (...). Il faudrait encore citer les profanations de masques mortuaires d'Arnulf Rainer, les photographies d'Urs Lüthi infligeant à son visage les affres du vieillissement. Vastes comédies masochistes, ces diverses mises en scène de corps, en apparence dilacérés, jouent sur la transgression *dans la facticité.* »[41] Quant à Dieter Appelt, celui-ci explore son corps en questionnant sa mort future et le processus de vieillissement. Il se confronte au temps. C'est pourquoi il travaille par séries ou sous la forme de séquences, comme au cinéma. Le temps paraît circulaire, comme dans *Zeitstück n°5 zu Ramifikation* (2007), une série de photographies où rien n'est fixe. Cette idée de mouvement en boucle est questionnée par l'artiste dans chacune de ses œuvres, dont il fait un lieu d'expérience sensitive. Regardons maintenant cette œuvre : *La Tache que laisse le souffle sur le miroir* (1977-2005, galerie Françoise Paviot). Ici, l'artiste se photographie en train d'accomplir des actions moins violentes que celles des Actionnistes. Intrigante et provocante, chaque photographie suscite de multiples lectures : le souffle face au miroir est-il une évocation du dernier soupir ? Exprime-t-il un simple jeu avec la lumière ? A moins qu'il ne soit la trace d'un plan-séquence ou encore un face à face métaphysique avec soi-même ? A l'issue de cette série, le visage semble disparaître, effacé par l'aspect flou de la buée. Quant à l'espace aperçu dans le miroir, il évoque des autoportraits d'artistes berlinois expressionnistes.

---

[41] Murielle Gagnebin, op. cit., p. 180.

Dans les *Stratifications*, Appelt va au-delà de l'autoportrait en recouvrant son visage de terre craquelée. Il mime ainsi la formation du monde et du corps. C'est la création de l'être par l'image qu'il suggère. En un mot, l'artiste met en scène une forme de naissance de soi : « On se souviendra que pour un artiste allemand, le mot Bild (image) est associé à l'idée d'une construction, d'une « formation » (Bildung) à laquelle on peut reconnaître un sens géologique : l'un de ses visages recouverts de terre craquelée (1979-1988) est intitulé *Schnitung* (stratification), concrétisant en un seul mot l'origine tellurique du corps, la constitution alluvionnaire de la mémoire et le mode de production de l'image. »[42]

Omniprésent dans son œuvre, dont il est à la fois l'auteur et le modèle, Dieter Appelt matérialise la présence de son corps d'une manière directe, brute. Pour réaliser ses actions corporelles, il n'hésite pas à se suspendre par les pieds, à défier la pesanteur, à grimer son visage ou à le pétrifier. La souffrance endurée ressort sur l'image ; elle est toutefois contrebalancée par une étrange immobilité qui surprend le spectateur : « Corps sans âge, sans datation possible, abandonné à un univers qui le dépasse et l'annihile par sa lumière corrosive (Monte Isola) ...»[43], le corps de l'artiste se désagrège sous nos yeux.

Dans *Erinnerungsspur* (*Traces du souvenir*, 1978, National Gallery of Art, Washington), l'artiste s'allonge nu sur une terre gelée. Cette photographie en noir et blanc d'aspect austère montre la trace d'une performance dans laquelle l'artiste devient un gisant. Il mimait ainsi l'attitude d'un mort. Les arbres dénudés et la neige envahie de brindilles symbolisent les retrouvailles de l'homme avec une nature primordiale, encore vierge et non corrompue. Sensible à la pierre, aux grottes (notamment aux abris troglodytes étrusques de Sorano en Italie, qu'il a filmés), l'artiste puise dans cette

---

42 Michel Frizot, *Dieter Appelt*, Paris, Centre National de la Photographie, 1992, p. 9.

43 Op. cit., p. 5.

nature des références à son langage artistique. Cette série de photographies a été réalisée dans les montagnes, près du lac Iseo et sur le Mont Isola en Italie. Observons encore une œuvre également en noir et blanc : on y voit le corps nu de l'artiste en position figée. Il est allongé dans un bassin envahi de brumes. Le paysage est presque abstrait, d'ordre minéral. Enfin, dans *Der Augenturm* (1977), l'atmosphère est solennelle, évoquant un rituel d'ordre funéraire sans âge. L'artiste a enserré son crâne entre des branchages liés entre eux. Il ferme les yeux comme s'il accueillait le repos éternel. Dans cette œuvre, le froid et les brumes renforcent la solitude de l'homme face aux éléments.

Plus dramatique est le caisson de verre ressemblant à un cercueil de glace, qui accueille le corps de Dieter Appelt dans *Erinnerungsspur* (1979). Ce cercueil posé sur des piquets de bois s'harmonise avec la nature environnante et semble flotter. Le calme de la forêt, de même que l'attitude de l'artiste allongé, soulignent l'idée de repos éternel. Tout se passe comme si Dieter Appelt renouait avec les formes plastiques funéraires archétypales, qui accompagnaient la monstration du squelette sur les dalles et les pierres tombales au Moyen Âge. En se photographiant à l'image d'un défunt, l'artiste mettrait-il en scène la préfiguration de sa mort dans un travail de trépas anticipé ?

Rares sont les paysages. Mais dans *Carnac* (1981), on peut voir un menhir au milieu d'un étang. L'absence de feuillage évoque l'hiver. Autre décor minéral dans *Tableau Oppedette n°3* (1981, Joshua P. Smith collection), où le corps nu de l'artiste est niché dans un repli rocheux. Totalement immergé dans cette eau stagnante, le corps ne semble plus ressentir le froid. Ici, l'artiste semble remonter le temps pour revenir à une posture qui évoque la vie utérine. Enfin, c'est juché au sommet d'une improbable nacelle, faite de tiges de bois assemblées les unes aux autres, que l'on trouve le corps dénudé d'Appelt dans *Der Augenturm* (1977, galerie Kicken, Berlin). Cette tour suspendue évoque une vigie qui aurait été conçue par une peuplade primitive. L'architecture fragile reflète l'idée de dénuement. Au loin, de l'autre côté du lac, des sommets montagneux émergent de la brume. Le corps défie à nouveau le froid dans différentes postures de repli ou d'ouverture : « Pour perpétuer le potentiel de ce corps étiolé, il faut se conformer au rituel (*Die Symmetrie des Schädels*, 1977), se régénérer par la réclusion (*Monte Isola*), s'isoler dans un refuge lacustre (*Der Augenturm*, 1977) : une tour-cage faite de branchages soigneusement ligaturés, plantée dans les marais, en haut de laquelle le fœtus-stylite se recroqueville. Ailleurs, ces pilotis dérisoires soutiennent un tombeau de verre dans lequel un corps de lumière semble attendre sa résurrection. »[44]

Pour conclure, nous retiendrons la prégnance du corps nu, le soin particulier accordé à la disposition d'accessoires (bois, feuillages, liens, tissus, branchages) et aux ligatures. Œuvre d'intégration de soi-même à l'entière évolution de l'homme, le travail photographique de Dieter Appelt est une exploration de mythes et de rites, où le froid joue un rôle important. Il permet au corps de se confronter aux limites. Que ce soit sous une forme ritualisée ou par l'exposition d'un curieux cercueil de verre, Appelt reprend des formes anciennes de pratiques funéraires. Depuis plusieurs années, Appelt, propre sujet de sa création, se couvre de terre, de cendre ou de vase. Ses œuvres sont comme un rappel de l'origine de l'homme. On voit l'artiste en position fœtale sur des rochers, allongé sur une terre gelée ou englouti dans des paysages froids. Au cœur de ces diverses sensations, Appelt explore la brûlure du froid et se confronte surtout à ses propres limites d'endurance. Le froid se fait étape, propice à une résurrection du corps.

---

[44] Ibid.

Georg Baselitz : renversements

C'est en 1961 que Hans-Georg Kern prend le nom de Georg Baselitz en souvenir de sa ville d'origine : Deutschbaselitz, qui est située en Saxe. Né en 1938 en RDA, où il a effectué ses études, ce n'est que plus tard que Baselitz vient vivre en Allemagne de l'Ouest. Après deux semestres à la Hochschule für bildende und angewandte Kunst à Berlin-Est en 1956, il est expulsé pour « immaturité socio-politique ». Il reprendra des études d'art à la Hochschule der Künste de Berlin-Ouest, préférant s'immerger dans les théories de Wassily Kandinsky et de Kasimir Malevitch, tout en découvrant des peintres américains comme Jackson Pollock ou Philip Guston. Il se lie également d'amitié avec les peintres Eugen Schönebeck et Benjamin Katz. Qualifié de néo-expressionniste, Baselitz estime qu'il ne peut se libérer du fardeau que représente le passé allemand. C'est aussi en se référant à l'art moderne, que les nazis ont persécuté avant et pendant la Seconde guerre mondiale, que le style de Baselitz va trouver ses marques. En s'installant à Berlin-Ouest, il découvre l'éclectisme des styles américains et d'autres pays d'Europe, alors qu'en Allemagne de l'Est, les artistes travaillaient dans un style socialiste approuvé politiquement ou n'avaient d'autres alternatives que se tourner vers un art nostalgique.

Ayant enseigné à l'Académie des beaux-arts de Karlsruhe, Baselitz est aujourd'hui professeur à l'Université des Arts à Berlin. Il vit et travaille à Derneburg ainsi qu'en Italie. C'est avec Eugen Schönebeck qu'il rédigea son *Premier Pandémonium*, dans lequel il explique sa manière d'envisager la peinture : « Je suis tordu, bouffi, abruti de souvenirs. Les destinées qui ne font lever les yeux à personne, je les ai toutes archivées… »[45] Ce manifeste sera suivi d'un second publié en 1962. Par ailleurs, le peintre va faire scandale, non seulement par ses prises de position, mais aussi par une exposition à la galerie Werner & Katz à Berlin en 1963. Plusieurs peintures seront alors confisquées pour atteintes à l'ordre public, dont *Großer Nacht im Eimer* (*Grande Nuit sous la Pluie*) et *Nackter Mann* (*L'Homme nu*), dans laquelle il se dépeint en jeune garçon se masturbant. Le procès qui s'ensuit se poursuivra jusqu'en 1965, date à laquelle les peintures lui seront finalement restituées.

C'est ensuite sur le groupe des Héros que travaille Baselitz, réalisant une grande toile intitulée *Die großen Freunde* (*Les Grands Amis*, Museum moderner Kunst, Vienne, collection Ludwig) en 1966, année où il débutera parallèlement ses premières gravures sur bois. A partir de 1969, il décide soudainement de peindre ses toiles à l'envers, déclarant que la réalité ne réside pas dans la toile. Il désire ainsi vider de son contenu ce qu'il peint et s'attaquer à la conception traditionnelle de la peinture. En exploitant le renversement du motif, placé dorénavant tête en bas, l'artiste revendique un nouveau processus d'élaboration de l'œuvre. Celle-ci est alors conçue inversée dès sa facture. Dans le même temps, il se tourne vers la sculpture sur bois, composée avec des gestes bruts, libérant une énergie dense (*Blauer Kopf*, 1983, Kunsthalle, Bielefeld). Il sculpte des personnages plus grands que nature et ne grave pratiquement plus que des sujets la tête en bas. Ses gravures monumentales (*Homme assis*, *Homme penché*, *Têtes*,…) dégagent une impression de puissance.

On peut lire une forme de réinterprétation de l'histoire de l'art dans les œuvres de Baselitz. Son idée forte est que l'art doit aborder la question du passé. C'est ce lien au passé qu'examine le critique Donald Kuspit dans *Dialectik der*

---

45 Cité dans Thomas Krens, Michael Govan et Joseph Thomson, *Refigured Painting : The German Image 1960-1988*, New York, 1988, p. 254.

Dekadenz. Selon l'auteur, Baselitz exprimerait une maladroite décadence dans ses toiles et rejoidrait la vision de l'art formulée par des poètes de la fin du XIXe siècle, comme Baudelaire. Nerveux, voire malade, son art serait le symptôme d'une vision du monde négative. Cette nervosité serait une réponse à l'impérialisme du minimalisme américain selon Kuspit. Or le réalisme expressif de Baselitz ne relève pas seulement d'une esthétique du désastre mais se veut surtout parodique. Dès 1966, Baselitz opère une autre rupture radicale dans son œuvre en fractionnant la surface de la toile sous la forme de trois bandes décalées. Dans *Drei Köpfe mit Schnecke* (*Trois têtes avec escargot*, 1966, musée d'art moderne et contemporain de Strasbourg), la structure s'oppose à la composition classique et le choix des couleurs dissonantes vise à mettre à mal l'idée de bon goût. La fragmentation de l'image neutralise donc l'appréhension traditionnelle de la peinture et pose l'œuvre comme objet questionnant l'acte pictural.

Observons quelques peintures de Baselitz dans lesquelles s'exhibent des corps énormes et meurtris, comme dans *Der Hirte* (1966, Sammlung Frieder Burda, Baden-Baden). Cette toile de grand format présente un personnage difforme, dont la tête est trop petite et les bras démesurés. Cet homme difforme est peint debout, les pieds posés sur des débris qui jonchent une terre en chantier, comme en témoignent une brouette placée en bas à gauche ainsi qu'une minuscule porte de Brandebourg rouge esquissée. On dirait que l'artiste a décidé de punir les corps en les coupant, en les atrophiant ou en les déformant. C'est le cas dans *Homme à la guitare – marche de la paranoïa* (1967, collection Röhrscheid), où le corps humain se morcelle. De nombreuses toiles montrent à leur tour des fragments anatomiques, comme *Cage thoracique* (1962, collection Dürkheim) ou *P.D. Fuss* (1963, collection Crex, Schaffhausen, Suisse). Parfois, c'est le paysage lui-même qui est mutilé. Observons cet arbre malade et blessé, les branches coupées (*L'arbre I*, 1965-1966, collection privée). Sommes-nous face à un style expressif volontairement parodique ? Ou bien contemplons-nous une peinture allemande typiquement lourde, telle que pouvait la qualifier le philosophe Friedrich Nietzsche, lorsqu'il jugeait la peinture germanique « dure, âpre et pleine de résistances... »[46] ? En lisant le manifeste de Baselitz, on comprend comment l'artiste désire avant tout rompre avec la conception traditionnelle de la peinture et briser notre rapport habituel à l'image. En déformant les corps, il en donne d'autres visions. De plus, sa technique picturale, faite de traces dégoulinantes et de grands gestes, rappelle les démarches des peintres expressionnistes abstraits américains, comme Jackson Pollock, Robert Motherwell ou Sam Francis.

Les objets figurés s'interpénètrent ou se désagrègent sur la toile comme l'ont tout d'abord expérimenté les artistes expressionnistes. Dans *Sieben mal Paula* (1987-1988, Sammlung Frieder Burda, Baden-Baden), des visages féminins sont répétés. Les cheveux jaunes et le visage très rose font penser à une caricature expressionniste. Le fond est intensément noir. Baselitz s'inspire ici de différents styles et détourne les codes figuratifs en faisant basculer les figures dans ses toiles. On retrouve ce principe dans *Ekely* (2004 Sammlung Frieder Burda, Baden-Baden). On y voit les pieds d'un personnage habillé en jaune. Il est assis sur une chaise ; ses pieds se balancent dans le vide car il est esquissé par-dessus un paysage hivernal renversé. La partie haute du personnage est coupée.

Une toile comme *Adieu* (1982, Trustees of the Tate Gallery, Londres) présente deux figures masculines renversées. Elles ont été tracées à coups de pinceaux larges et contourées de traits noirs épais. Le fond est quadrillé d'une alternance de damiers jaunes et blancs, ce qui rappelle les couleurs expressives d'un peintre comme Emil Nolde, qui n'hésitait pas à appliquer une couleur grasse et épaisse dans

---

46 Friedrich Nietzsche, *Considérations inactuelles III et IV*, Paris, Gallimard, 1990, p. 64.

Tanz um das goldene Kalb (1910, Staatsgalerie moderner Kunst, München). Chez ces deux artistes, la couleur est animée. Elle vibre et agite les figures. Chez Nolde, les oranges, les jaunes et les rouges s'entrechoquaient, faisant onduler la surface et traduisant le mouvement de la danse. Quant aux personnages peints par Baselitz, ils semblent danser dans un espace sans repères, où le haut et le bas ont changé de position. Si les peintres expressionnistes distordent les figures, fondant leurs personnages dans la couleur, comme Emil Nolde ou Ernst Ludwig Kirchner, Baselitz va plus loin et présente des corps paroxystiques, convulsés ou disloqués. Dans *Painter with Sailboat – Munch* (1982 Staatsgalerie Stuttgart), Baselitz réalise un portrait du peintre expressionniste Edvard Munch, qu'il figure tête en bas. Son corps est tracé avec de grands gestes rouges tandis que le fond est noir. L'extrême bas du tableau est jaune, reprenant les teintes parfois jugées maladives des expressionnistes.

Autre leitmotiv qu'est la grille. C'est notamment dans l'année 1992 qu'elle devient récurrente. Plusieurs grilles se superposent les unes aux autres dans *Steinkopf*. Une sorte de tête noire est entraperçue à travers des barreaux de peinture verte. Cette grille permet au spectateur de traverser un espace structurant, comme un tissage. Dans une sculpture réalisée en bois intitulée *Dresdner Frauen-Giebel* (1990, Sammlung Frieder Burda, Baden-Baden), ce sont des coups qui ont martelé la figure, défigurant celle-ci et formant une trame. Le traitement de la surface met l'accent sur les aspérités qui révèlent les gestes brutaux de l'artiste. Une teinte jaune recouvre la sculpture, rappelant les sculptures de bois polychromes du Moyen Âge. Même principe de recouvrement de la surface dans *Tête de G.* (1987, Neue Galerie, collection Ludwig, Aachen). Mais parfois, la grille est plus rigide, devenant quasiment impénétrable, enfermant le spectateur dans un espace clos. Or cet espace grillagé correspond aux moments de dépression traversés lors d'un deuil. Pour la psychanalyste Cléopâtre Athanassiou, le recours à la grille dans un dessin serait l'aveu du refus de la perte. Selon elle, la grille est un refuge qui permet à l'endeuillé d'éviter le travail de séparation propre au travail de deuil. Lorsque son patient âgé de trois ans dessine une grille au cours de la trente-sixième séance de cure analytique, Cléopâtre Athanassiou y voit bien l'expression extrême d'une manie qui lui permet de contenir son excitation : « Cette restriction de sa liberté pulsionnelle issue d'une authentique voix surmoïque en lui, reprend le travail de limitation de son espace de jeu représenté par ses dessins...»[47] De plus, la grille dessinée par le patient aide à constituer un lien. De cette manière, il cherche à parer à l'expérience de séparation. Cet élément grillagé lui permet « à la fois de séparer et de maintenir ensemble des éléments. »[48] Selon Cléopâtre Athanassiou, la réaction maniaque qui peut se lire dans le dessin de la grille est une première défense protectrice contre un vécu d'infraction dans le Moi.

Quant à d'autres séries, elles comportent d'étranges éruptions de points colorés ou de taches noires, qui viennent envahir la surface et ôter la lisibilité à l'image. Dans *Lamento* (1988-1990), la tête renversée du personnage semble saigner. Une tache rouge ressemble à une plaie. Cette peinture témoigne d'une forme de pathos semblable à celui présent chez le maître de la Renaissance Mathias Grünewald. Celui-ci parsemait le corps du Christ de nombreuses gouttes de sang expressives dans le retable d'Issenheim. L'historien d'art Wilhelm Worringer qualifie cette peinture de « pathétique pittoresque. »[49] Baselitz va plus loin, en intégrant ces taches à son répertoire pictural. Les points colorés recouvrent toute la surface de la toile dans *Die Krankenschwester*, brouillant partiellement notre perception.

Etudions la manière avec laquelle Baselitz renverse les figures dans ses nombreuses toiles. L'artiste a-t-il voulu montrer l'autre côté des choses en les présentant retournées ?

---

[47] Cléopâtre Athanassiou, *La Défense maniaque*, Paris, PUF, 1996, p. 131.

[48] Op. cit., p. 130.

[49] Wilhelm Worringer, *L'art gothique*, Paris, Gallimard, 1967, p. 170.

On ne peut s'empêcher de penser au désir de vengeance exprimé par Robert Antelme dans *L'espèce humaine* :

> « On croit que ce qu'on voudrait c'est de pouvoir tuer le SS. Mais si l'on y pense un peu, on voit qu'on se trompe. Ce n'est pas si simple. Ce qu'on voudrait, c'est commencer par lui mettre la tête en bas et les pieds en l'air. Et se marrer, se marrer. (...) On se lasserait vite, mais ce qu'on voudrait, c'est cela, la tête en bas et les pieds en l'air. Ce que l'on a envie de faire aux dieux. »[50]

Or, dans cet acte de renversement s'avoue aussi le besoin de s'extraire d'une tradition picturale allemande encombrante. Comme si Baselitz voulait tout simplement mettre à mal la tradition du portrait allemand. Les couleurs qu'il emploie font penser aux fonds de peinture grasse, épaisse et dense, qui entouraient les personnages peints par des artistes de la Renaissance comme Lucas Cranach ou Albrecht Dürer. Cette couleur expressive est pourtant salie chez Baselitz. Les teintes se heurtent entre elles, se mélangent et se brouillent comme dans *Eschenbusch II* (1969, Sammlung Frieder Burda, Baden-Baden), où le paysage aux tons bleutés et verts est peint à l'envers. Même chose avec un paysage où le regard se trouve désorienté dans *La forêt à l'envers* (1969, Museum Ludwig, Cologne). La lisibilité chromatique est perturbée. Ainsi la forme déchirée qui apparaît dans le fond de *Das grosse Pathos* (1965, collection privée) est d'un rose qui tire vers le gris. Les tons s'effilochent autour de la tête centrale. Le dessin au fusain et la couleur ne coïncident pas. L'utilisation de la couleur par Georg Baselitz renvoie à une pulsion violente : « Dans cette hypothèse, la volonté de camouflage des artistes serait à interpréter comme une alerte, un cri d'alarme ! »[51]

---

[50] Robert Antelme, *L'espèce humaine*, Paris, Gallimard, 1955, p. 84.

[51] Murielle Gagnebin, op. cit., p. 195.

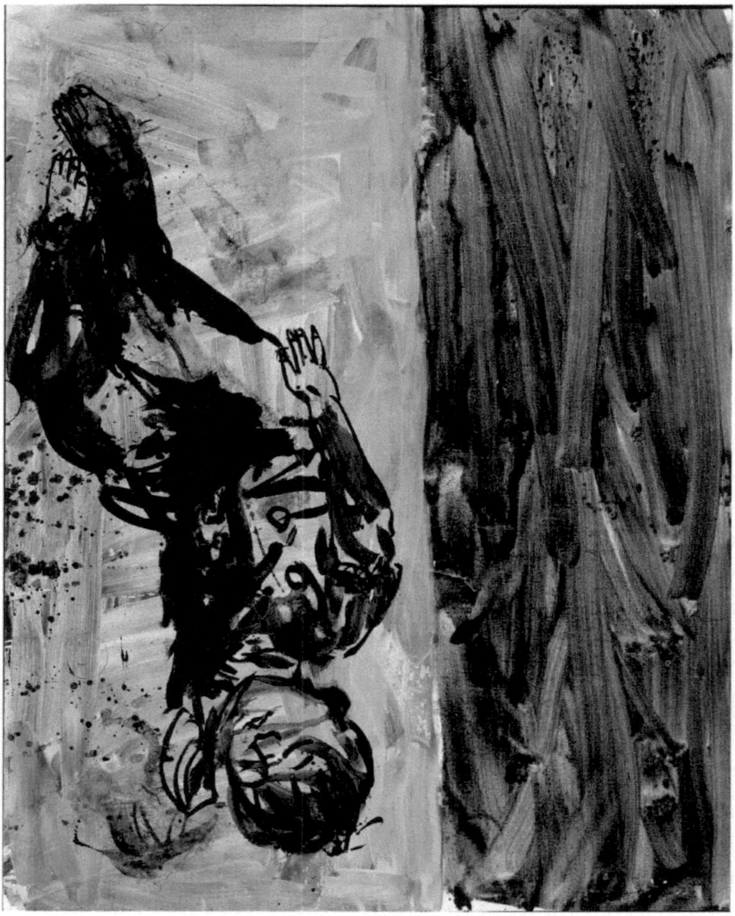

Georg Baselitz, *Knaben II*, 3-6 April 1998, 200 x 162 cm, huile sur toile. © Museum Frieder Burda, Baden-Baden.

Cette force brute, ce renversement du visible, de même que ce basculement sembleraient dire de quelle manière le peintre tente d'intégrer à sa peinture un regard nouveau de la part du spectateur. C'est ce qu'il recherche également dans des séries d'aquarelles ou de dessins effectués par la vue de sa fenêtre. Ainsi la série des mangeurs d'orange (*Orangenesser I*,

1981, collection privée) ou des buveurs (*Glastrinker*, 1981, collection privée et *Buckliger Trinker*, 1981, Staatsgalerie) met-elle en jeu une nouvelle manière d'appréhender la figure. L'artiste déroute nos perceptions de l'espace représenté et s'amuse avec la notion de virtuosité de figuration. Ainsi *Flaschen* (1977, Sammlung Frieder Burda, Baden-Baden) est une aquarelle dans laquelle l'artiste s'attache à dépeindre des objets quotidiens directement renversés, comme une bouteille. Ceux-ci ont un aspect monolithique. Les tons sont gris et les bouteilles sont noires. Dans ces peintures, l'artiste vise à éveiller notre regard sur le monde.

D'autres toiles, souvent de grand format, aux personnages surdimensionnés, amputés ou disproportionnés, renvoient à l'idée d'échec. L'artiste se complait dans la déformation et la défiguration. Son attitude évoque des sentiments d'infériorité, semblables à ceux qu'éprouve l'endeuillé : « N'est-ce pas ce qui plonge le mélancolique dans une passivité remarquable, dans un endeuillement infini qui réduit toute parole à une plainte interminable traversée par d'oppressantes auto-accusations ? »[52] Seuls des reproches tournés vers soi-même sont l'aveu d'une charge de culpabilité. Comme l'explique Freud, « dans le tableau clinique de la mélancolie, c'est l'aversion morale du malade à l'égard de son propre moi qui vient au premier plan, avant l'étalage d'autres défauts : infirmité corporelle, laideur, faiblesse, infériorité sociale… »[53] La personne s'accuse alors et se rend responsable de la perte, comme Freud le souligne : « Là où la prédisposition à la névrose obsessionnelle est présente, le conflit (…) confère de ce fait au deuil une forme pathologique et le force à s'exprimer sous la forme d'auto-reproches selon lesquels on est soi-même responsable de la perte de l'objet d'amour. »[54] Ces représentations de laideurs, de difformités

---

52 Jacques Hassoun, *La cruauté mélancolique*, Paris, Flammarion, 1997, p. 18.

53 Sigmund Freud, « Deuil et mélancolie », op. cit., p. 153.

54 Op. cit., p. 159.

iront jusqu'à évoquer un registre carrément morbide dans *Die Krankenschwester*, où des petits points noirs constellent la surface. Tout se passe comme si Baselitz s'enfermait dans le registre pictural de la pathologie (*Paranoïa*, 1960, Collection Dürckheim).

Georg Baselitz formule clairement ce qui est attendu des artistes allemands contemporains. Selon lui, l'artiste ne serait pas confronté au devoir de mémoire mais à un besoin de justification : « Il y a chez nous le problème de la justification, de l'éternelle, de l'interminable justification. Après ce désastre terrifiant, nous ressentons tout simplement le besoin de dire, et nous le faisons sans arrêt, que ce n'est pas notre faute, que nous ne sommes pas impliqués, ou que nous sommes des gens tout à fait normaux. »[55] Deux postures sembleraient incarner le regard que portent les artistes sur cette mémoire obligatoire. D'une part, certains artistes présentent une figure anonyme, inexpressive, impuissante à intégrer la mémoire. D'autres, comme Baselitz, présentent un héros surgissant des ruines, regardant le passé avec affront : « Dans un paysage désolé, vide à perte de vue, et encore couvert des ruines du passé, s'engage son personnage, plus grand que nature, héros, pâtre et rebelle. Il est le survivant des tranchées d'époques antérieures, marqué de nombreuses blessures, les mains souvent liées, les habits déchirés ; et il est l'avant-gardiste avec le minimum de bagages, il progresse parce qu'il s'est séparé de tant de choses. Le regard porte sur un lointain indéterminé, il est en même temps un visionnaire à qui se présente une voie nouvelle. »[56] Cette figure témoigne du regard porté par l'artiste sur son passé et sur le monde qui l'entoure. Quant à sa manière de peindre, elle est un moyen de refuser tout système : « I was

---

[55] Georg Baselitz interviewé par Eric Darragon, *Charabia et basta*, Paris, L'Arche, 1996, p. 99.

[56] W. Schmied, « 1945 ou l'art des ruines », in *Face à l'Histoire, L'artiste moderne devant l'événement historique,* Centre national d'art et de culture Georges Pompidou, 19 décembre 1996 – 7 avril 1997, Paris, éditions du Centre Georges Pompidou, 1996, p. 163.

born into a destroyed order. And I did not want to re-establish any kind of order. »[57] Baselitz explique son recours à une figure expressive, victime du passé allemand et rêvant d'une nouvelle société. Dès ses premières œuvres, l'artiste ébranle l'iconographie héroïque et la symbolique nationale, en brossant les portraits de héros grotesques et laids avec une manière brutale et criante. Il s'amuse à revenir sur le passé en réutilisant des motifs qui évoquent le pouvoir impérialiste, notamment dans sa série sur les aigles (*Aigle*, 1978, Staatsgalerie Stuttgart).

Baselitz explique son positionnement en tant qu'artiste né peu avant la guerre et faisant partie d'une génération qui n'a pas de responsabilité par rapport à la guerre mais qui, curieusement, souffre plus de mauvaise conscience que ceux qui l'ont vécue :

> « Beuys a été soldat. Moi, à la fin de la guerre, j'avais sept ans. J'ai eu et j'ai encore plusieurs amis qui appartiennent à la génération de Beuys : dans leur façon de voir les choses, dans leur comportement, ils étaient carrément désespérés. (...) Et chez ces personnes, il n'y a pas cette mauvaise conscience, par exemple, parce qu'ils ont participé à une histoire terrible sans avoir de culpabilité. »[58]

Toute la difficulté réside dans la capacité qu'a chacun de gérer l'héritage des générations anciennes. Nombreux sont les jeunes artistes qui éprouvent un besoin de réparation que l'on a du mal à comprendre, à cerner. Comme si les jeunes artistes subissaient le poids de l'histoire. Certains se sentent obligés de se positionner face à l'histoire de leur pays. On peut penser que l'artiste allemand est, par nature, idéaliste ; l'œuvre n'a d'existence qu'idéelle et ne prend de valeur que

---

57 Georg Baselitz, trad. J. Manley, cité in *Louisiana Museum of Modern Art*.

58 Georg Baselitz interviewé par Eric Darragon, op. cit., p. 108.

lorsqu'elle entre en conflit avec quelque chose. L'ironie et la distorsion présentes dans les toiles de Baselitz seraient non seulement des reprises de la modernité mais également des manières à la fois contemporaines et « expressionnistes » de voir le monde.

Bernd et Hilla Becher : recensements

L'œuvre de Bernd et Hilla Becher correspond à un projet photographique de type documentaire, qui a pour but de décrire et recenser des bâtiments industriels tels des châteaux d'eau, des puits de mine, des silos, des hauts-fourneaux comme autant d'éléments d'un répertoire architectural. Il en résulte des photographies qui paraissent très objectives, toujours réalisées en noir et blanc, avec un dispositif précis et identique. Généralement classées en séries typologiques afin de mettre en avant les caractéristiques structurelles de chaque bâtiment, les images sont autant de témoignages d'une architecture industrielle en voie de disparition. Cette volonté de classer la réalité en différents groupes relève bien d'un souci d'ordre conceptuel. L'écrivain Georges Perec avait réfléchi à l'activité de classement dans son ouvrage *Penser/Classer* : « Comment je classe ce que je pense ? Comment je pense quand je veux classer ? »[59]

C'est en commençant par faire un inventaire de maisons d'ouvriers en 1959 à Siegen, que les Becher se tournent vers les installations industrielles du bassin de la Ruhr. Véritables « sculptures anonymes », pour reprendre le titre de leur premier ouvrage, les bâtiments photographiés sont au centre de préoccupations formelles et esthétiques.

Bernd Becher est né en 1931 à Siegen, dans une région fortement industrialisée. Il est mort en 2007. Hilla, quant à elle, est née à Potsdam en 1934, en Allemagne de l'Est et découvrira la Ruhr après la guerre. Conscients de la beauté et de la fragilité des bâtiments industriels, les Becher commencent à photographier ensemble dès 1959. Ils apprécient ces bâtiments qui ont été conçus sans considération de proportion et de structure ornementale. Ils en aiment l'esthétique dénuée de toute intention stylistique, ainsi que

---

[59] Georges Perec, *Penser/Classer*, Paris, Hachette, 1985, p. 154.

leur sobriété formelle. Par ailleurs, ils remarquent que certaines constructions aux fonctions identiques ont parfois une grande diversité de formes. Pris individuellement, certains clichés paraissent ordinaires. C'est la multiplicité des images d'un même type, qui fait qu'on a l'impression que les gazomètres se ressemblent alors qu'ils sont à chaque fois légèrement différents. Tombés en désuétude, ces bâtiments ont été abandonnés. Le travail des Becher en souligne la symbolique. En essayant de les classer, les artistes les rendent comparables à d'immenses sculptures monumentales.

L'acte photographique, chez ce couple d'artistes, se double d'un classement rigoureux, qui a des critères fonctionnels, géographiques, structuraux, historiques et esthétiques. Au sein de leur collaboration, les Becher définissent très tôt des paramètres fixes pour leurs prises de vues. Pour chaque cliché, l'approche frontale est austère. La ligne d'horizon est plane et les conditions lumineuses homogènes. Toujours long, le temps d'exposition fait en sorte que les images paraissent dépeuplées. Ainsi châteaux d'eau (*Châteaux d'eau*, 1970-1998, Kunstsammlung Nordrhein-Westfalen), hauts-fournaux, tours de refroidissements, silos (*Getreidesil,* Duisburg, 2002, galerie Konrad Fischer) ou tours d'extraction sont-ils présentés selon un agencement typologique, qui permet de relever les variations et les caractéristiques des constructions montrées. De manière générale, les planches sont présentées en série de neuf vues. Parfois cela peut aller jusqu'à trente vues de bâtiments d'une même catégorie se ressemblant mais présentant quelques variantes ou photographiés dans des villes différentes. Aussi peut-on découvrir neuf clichés d'architectures industrielles dans *Chevalements* (Westfälisches Landesmuseum, Münster), tous pris des années différentes (1966, 1967, 1974, 1975, 1980, 1982, ...) et rassemblés dans des cadres juxtaposés. Les Becher ne se limitent pas à photographier en Allemagne, ils ont également réalisé des prises de vues en Europe, comme en Belgique, en France (notamment en Lorraine), en Grande-

Bretagne ainsi qu'aux Etats-Unis. En 1969, leur première publication intitulée « Anonyme Skulpturen : Einer Typologie technischer Bauten » permet de rendre compte de leur approche conceptuelle de la photographie. Celle-ci est pour eux un moyen de recenser des bâtiments voués à la destruction ou à l'abandon. Il s'agit donc d'inscrire le travail de recensement dans le temps. On retiendra l'aspect sériel de leur travail, ainsi que la rigueur des prises de vue et le caractère neutre des architectures présentées, dénuées de tout pittoresque ou de tout élément narratif. Ce travail de recensement du patrimoine industriel intéresse dans un premier temps le milieu des ingénieurs et des historiens spécialisés. Les clichés permettent ainsi d'obtenir des renseignements pour ceux qui voudraient réhabiliter ou sauvegarder des bâtiments qui ont une histoire. Témoins d'une époque et d'une activité humaine, ces architectures ont participé au développement économique et industriel des régions. On peut ainsi découvrir la spécificité architecturale de certaines villes, comme en témoignent les clichés de nombreuses maisons normandes à colombages ou de maisons d'ouvriers similaires. Pour des architectes, les vues présentent également un intérêt dans l'aspect fonctionnel des bâtiments, fortement souligné par les prises de vues frontales, par lesquelles les Becher s'attachent à montrer les différentes faces des constructions.

Ainsi, la série réalisée autour de la mine Zollern 2 à Dortmund-Bövinghausen à la fin des années soixante apparaît-elle comme une tentative de rendre compte d'une installation industrielle sous toutes ses facettes. Une centaine de clichés présentent la salle des machines, celle des chaudières, ainsi que d'autres locaux jusqu'aux maisons des ouvriers. Cette série née d'une initiative citoyenne pour la préservation de la mine s'inscrit dans un projet visant à évaluer des installations industrielles historiques dans la Ruhr, comme à Bochum ou à Essen. On peut également rapprocher cette démarche d'ordre documentaire de celle d'Eugène Atget, qui arpentait les rues de Paris et photographiait les devantures de magasins, les enseignes, les affiches, les cours, les ruelles... L'importance du regard porté par Bernd et Hilla Becher va influencer toute une génération de photographes, notamment par le biais de l'enseignement. C'est en 1976 que Bernd ouvre la première classe de photographie artistique à l'Ecole des beaux-arts de Düsseldorf. Il comptera comme élèves, Andreas Gursky, Candida Höfer, Thomas Ruff ou Thomas Struth, devenus depuis des artistes majeurs de la création photographique contemporaine.

L'aspect très rigoureux, voire obsessionnel du protocole photographique strict choisi par les Becher et qui n'a pratiquement pas varié peut dérouter les spectateurs. Les châteaux d'eau sont centrés au milieu de l'image, le téléobjectif est leur focale de prédilection ; l'ouverture est très faible afin d'obtenir une grande profondeur de champ. Les Becher préfèrent réaliser leurs clichés durant l'hiver car il n'y a pas de végétation, ce qui permet de bien dégager le sujet. On ne voit jamais une présence humaine sur ces images ; le ciel est uniforme. Les photographes attendent parfois un léger brouillard de sorte que le bâtiment se dégage mieux du fond. Le temps de pose est de vingt secondes pour chaque prise de vue. Pour les hauts-fourneaux, le mode opératoire est différent : ils se placent en hauteur par rapport au sujet et utilisent un grand angle. En cadrant le bâtiment ou la structure photographiée au centre de l'image, les Becher l'isolent de son environnement et ôtent toute source de perturbation (individus, nuages, panneaux...) afin de privilégier un point de vue neutre, propre à l'école de la Nouvelle Objectivité (*Neue Sachlichkeit*). Ce mouvement artistique est apparu en Allemagne dans les années 1920 et succéda à l'expressionisme. Ce furent des artistes et des intellectuels qui n'avaient ni programme ni manifeste et se divisaient en deux branches distinctes. Après l'effusion de sentiments mis en scène par les Expressionnistes, certains artistes éprouvent le besoin de revenir au réel. Si certains d'entre eux reprennent un classicisme intemporel d'autres, notamment à Berlin, s'engagent dans une vision froide et cynique de la société.

L'art devient une arme aiguisée qui permet de représenter le réel sans fard et qui tend à la société de l'après-guerre un miroir froid. Ce courant existe également en peinture comme chez Max Beckmann, dont l'œuvre insiste sur un arrière-plan social. La Nouvelle Objectivité frôle parfois les limites de la caricature, comme dans les dessins de George Grosz ou dans les toiles d'Otto Dix ; celles-ci seront pointées du doigt comme « œuvres dégénérées » par le régime nazi. En 1933, ce mouvement pictural s'éteint avec l'arrivée d'Hitler au pouvoir. De nombreux artistes partent en exil. En photographie, la Nouvelle Objectivité met en avant la représentation de stéréotypes. L'homme est incarné par son origine sociale, son métier, son cadre de vie... Les compositions sont organisées, structurées, voire rigides. La vision peut être isolante, sous la forme de gros plans insistant sur les visages. D'autres privilégient les natures mortes, comme Karl Blossfeldt, qui photographiait des végétaux devant un fond neutre, s'intéressant à la composition formelle et au rendu scientifique.

On distingue en photographie deux préoccupations essentielles chez les artistes qui se réclament de cette « nouvelle vision » : certains photographes mettent en évidence la dimension sociale de l'image, avec l'intention de montrer le monde tel qu'il est, comme dans le photojournalisme (Erich Salomon, Martin Munkacsi). Un autre courant plus formaliste se préoccupe de la recherche et de la classification (Làszló Moholy-Nagy, Albert Renger-Patzsch, Karl Blossfeldt ou August Sander). Si le travail de Karl Blossfeldt visait à répertorier cent vingt sortes de plantes dans *Urformen der Kunst*, August Sander photographiait des « paysages » allemands, tels des lieux industriels ainsi que des personnes dans leur environnement. Il les présente sur leur lieu de travail, avec pour finalité de montrer les divers visages de la société allemande des années trente. C'est entre 1920 et 1933, que l'on compte les plus grandes expositions de photographie en Allemagne, notamment la *Kino-und Photoausstellung* de Berlin en 1925. En 1928, à Cologne, la

Pressa expose les « voies nouvelles en photographie » et, en 1929, se tient à Stuttgart, *Film und Photo,* la première exposition internationale qui présente le travail des photographes de cette « nouvelle vision ». Les Becher se revendiquent de cette Nouvelle Objectivité en reprenant à leur compte la netteté de l'enregistrement, la précision des détails et la structuration par la lumière. Leur esthétique affiche résolument la représentation nette et sans détour de la réalité. Par ailleurs, l'emploi d'une chambre photographique à trépied permet de recourir à des temps de pose élevés et participe à cette volonté d'exclure tout élément spontané et de suspendre le temps. Ils ne sont pas les seuls à travailler dans cette idée d'affronter la perte. Certains archivent, comme Candida Höfer, d'autres comptent le temps, comme Hanne Darboven, d'autres encore répertorient des objets, comme Hans-Peter Feldmann, créant des catalogues dans lesquels il note les traces de personnes ou de lieux disparus. Ces différentes démarches ont des points communs. Elles visent toutes à refuser une perte, étape importante dans le travail de deuil. Les photographies quasi-archéologiques de Bernd et Hilla Becher recensent les traces d'une vie arrêtée, d'une activité disparue. De plus, les travailleurs eux-mêmes ont disparu, comme s'ils avaient été engloutis par un milieu technique aux dimensions gigantesques. Le regard sur le monde insiste sur cette disparition inquiétante, que l'on retrouve dans les photographies de lieux urbains de Thomas Ruff. De plus, la juxtaposition de sites présentés prend la forme d'une «anonymatisation » (« *Anonymisierung* »[60]) pour Bernd et Hilla Becher. Autrefois témoins de la grandeur de l'empire industriel allemand et symboles du pouvoir, les bâtiments photographiés par les Becher sont stigmatisés ; ils portent les traces du délabrement. Ils ne sont plus qu'édifices en ruine.

---

60 Rudolph Sachsse, *Hilla und Bernd Becher, Silo,* Frankfurt, Fischer Tachenbuch Verlag, 1999, p. 35.

« Il y a un grand travail destructif, négatif, à accomplir »[61], disait Tristan Tzara, faisant l'apologie de l'esprit dada. Ces paroles revendiquaient une liberté, un désir d'affranchissement. Comme si la destruction pouvait apporter de nouvelles choses, des utopies. A l'époque contemporaine, les artistes ne s'inscrivent pas dans des volontés utopistes mais dans des regards plus rétrospectifs. En s'intéressant à ce qui a disparu ou à ce qui n'est plus en état de fonctionner, les Becher focalisent sur ce qui est mort. Lorsque, dans les années trente, le photographe August Sander évoquait « la généalogie de tout un peuple - véritable inventaire de l'humanité »[62], il photographiait ses contemporains en cherchant à dresser un inventaire de l'humanité pour les générations futures, réalisant le «portrait collectif d'une nation.»[63] Son regard photographique était celui du témoignage. C'est différemment que procèdent les Becher, qui photographient ce qui est voué à disparaître, notamment les vestiges d'une industrie abandonnée.

61 Tristan Tzara cité par Paul Ardenne, op. cit., p. 45.

62 Ibid.

63 *August Sander*, New-York, éditions Kõnemann, Aperture Foundation, 1977, p. 5.

Wolfgang Bellwinkel : charniers

Froides, lisses et impersonnelles, les photographies de la guerre en Bosnie réalisées par Wolfgang Bellwinkel décrivent les traces, les dégâts, les ruines. Dans cette série intitulée *Nachkriegszeit* (1995-1996), l'artiste photographie les sites où ont eu lieu des combats. Il montre également les lieux où ont été enterrés en masse des soldats comme des civils. Après avoir étudié le design à l'Université d'Essen en 1984, ce jeune photographe s'est intéressé à une guerre contemporaine, n'hésitant pas à montrer les dommages et les cicatrices visibles sur le paysage. Sur certaines images, on voit des tanks perdus dans un paysage enneigé et brumeux. Parfois apparaissent des maisons. L'une d'entre elles est en partie détruite au sein d'un paysage de neige. Des immeubles modernes subsistent dans ces no man's lands. Quelques friches au premier plan donnent la mesure du délabrement. Cette série sans fard montre des bâtiments en construction. Pareils à des carcasses vides, quelques immeubles à moitié détruits, en cours de reconstruction, témoignent des efforts pour oublier les destructions d'une guerre.

Plus inquiétante, l'image d'un charnier en Yougoslavie que présente Bellwinkel dans *Massengrab bei Nova Kasaba* (1996). Celle-ci nous met face à une violence, traduite par une lumière nette et crue. Le photographe, qui est né en 1959 à Bochum, s'intéresse ici à l'idée d'une perte massive. Au premier plan, deux hommes portent un corps recouvert d'un linceul. Montrée ou voilée, l'image du mort questionne la représentation de la perte. Une horreur douce émane de ce cliché. Le paysage devient porteur des traces d'un événement traumatique inscrit dans une scène cependant intemporelle. Si la guerre « semble se répandre comme les viscères d'un cadavre »[64], c'est que le paysage photographié est bien porteur

---

64 Charles-Arthur Boyer, « Des nouvelles du bonheur du monde », *The New German Photography*, Artpress 232, février 1998, p. 28.

des morts, qu'il recouvre et contient. Les séquelles de la guerre bosniaque nous sont livrées avec froideur et distance. Nous quittons le domaine du paysage au profit d'une image emblématique, au caractère universel.

Si l'on observe le panorama de l'histoire de l'art allemand, on se souvient de la tombe enfouie au sein du paysage dans *Tombeau d'un Hun en hiver* de Clausen Dahl ou encore des nombreuses vues de cimetière peintes par Caspar David Friedrich. Dans la peinture romantique, l'image du mort revêtait une dimension quasi-sacrée. Chez Bellwinkel, c'est l'aspect impalpable et invisible de cette perte massive qui est en jeu. Tout le paysage se fait tombeau. La photographie porte en elle une dimension funéraire. De plus, l'image qui résulte de cette mise en scène concentre en elle l'angoisse qui accompagne toute perte, réelle ou symbolique. Si l'on confronte à la série *Nachkriegszeit* des vues plus récentes comme *The Global City Project II* (2007), on peut noter quelques points communs : les tours de béton en construction font écho aux processus de réparation et de reconstruction à l'œuvre en Bosnie. Les carcasses d'immeubles se ressemblent. Pourtant, l'artiste se tourne ici vers l'idée de renouveau. Le sujet n'est plus ici la représentation des dommages laissés par une guerre mais les effets de la globalisation sur le paysage urbain, notamment en Chine. Dans *Untitled* (*stones*, 1998–2001) de la série *Beyond Paradise*, qui a été réalisée en Asie du Sud (Bangkok, Hong Kong, Jakarta, Kuala Lumpur, Macao, Singapore, Taipei), les herbes et les roches du premier au second plan sont très nettes, sans aucune ombre. Au fond de l'image, le mur de carrelage blanc minimaliste trahit l'intérêt porté par l'artiste à l'architecture et à son environnement. Dans cette série, l'artiste, qui vit à Berlin, a pointé l'expérience de développement urbain dans de grandes métropoles asiatiques, s'attardant sur les abords des villes et soulignant le style sans identité de ces buildings à l'architecture coupée de sa propre tradition. Les images sont précises, presque austères. Cet intérêt est également exploré dans la série *Heimat* (2003), où une façade d'immeuble prise de face est cadrée en gros plan. Les couleurs sont très atténuées et la lumière est nette. Les fenêtres forment une sorte de grille sur l'image. L'artiste a voulu photographier de manière plus documentaire et sociale, car il s'intéresse au mode de vie des sans-abris à Munich. Aussi a-t-il focalisé son attention sur des sacs de couchage, des matelas, toutes sortes d'objets qui protègent le sans domicile du froid et du sol. Il a photographié ces objets hors de leur contexte, révélant les traces de leur utilisation. Et là encore, on retrouve un lien avec la série *Nachkriegszeit*, car c'est l'absence qui frappe. Les sacs de couchage sont comme des enveloppes vides qui parlent de la disparition.

Joseph Beuys : l'esthétique du reliquaire

« I had far too long a time dragged a body around with me. »[65]
Joseph Beuys

Joseph Beuys est né à Krefeld en 1921 et décède en 1986 à Düsseldorf où il a enseigné de nombreuses années. Très engagé politiquement, il a produit des dessins, des sculptures, des installations et notamment des conférences dans lesquelles il explique sa théorie de l'art. Il mêle des réflexions sur l'écologie et la sociologie. C'est avec le concept de « sculpture sociale » en tant qu'œuvre d'art totale, qu'il démontrera l'importance d'un art qui réunit le corps social et la créativité de chacun. Son credo : « Chaque personne est un artiste » traduit cette idée forte.

Pour Joseph Beuys, l'art était ce qu'il faisait, c'est-à-dire chaque aspect de son activité, et atteignait son niveau le plus intense lorsqu'il réalisait des rituels qu'il nommait « actions ». En donnant une valeur artistique à son engagement politique, Beuys décloisonne les catégories d'avant. Au sein du groupe néo-dadaïste Fluxus, qui rassemble compositeurs, artistes, plasticiens qui ont pour but de créer de nouvelles versions du happening ou de la performance, Beuys renforce l'idée que son travail doit constituer une épreuve purificatrice, une forme de sacrifice. C'est en 1970 que Beuys va être reconnu sur la scène internationale, en participant notamment à la Documenta de Kassel. En 1972, il y débatera avec le public pendant 100 jours sur des thèmes comme la démocratie, l'art, les questions sociales… Toujours soucieux d'être pédagogue, Joseph Beuys

---

65 Joseph Beuys cité par Donald Kuspit, *Signs of psyche in modern and post-modern art*, Cambridge University Press, 1993, p. 197.

devient, au début des années 1960, le principal représentant en Europe de Fluxus et déborde le cadre de la sculpture classique avec son concept « d'art élargi ». L'œuvre est pour lui un processus de réflexion ouvert à de nombreux domaines de la recherche. Il associe puissamment l'homme, l'art et la vie jusque dans ses engagements politiques. Ses nombreuses performances et actions rituelles ont une fonction thérapeutique, faisant des objets et matériaux les symboles de sa mythologie personnelle.

Wirtschaftswerke (1980, collection du SMAK de Gand, Belgique) est une installation d'envergure, qui présente des produits de consommation courants de l'Allemagne de l'Est. Ces produits de première nécessité sont posés sur de vieilles étagères métalliques. Beuys souligne non seulement l'aspect précaire de cette collection banale d'épicerie ; il revendique également l'utilisation de matériaux pauvres comme ce simple bloc de plâtre qui accompagne les produits de consommation. Cette sculpture illustre son concept de « sculpture plastique sociale ». D'une part, les étagères présentent une collection, d'autre part, le morceau de plâtre affirme l'idée de persistance et d'immobilité, tout en renvoyant à la tradition du métier de sculpteur. Beuys a su s'opposer au silence sur la période nazie et faire osciller le monumental trouble de mémoire dont souffrait l'Allemagne. Il est le symbole d'une expiation personnelle qui ouvre un accès à la considération de la catastrophe nazie. Certains lui reprochèrent la dimension mystique de son œuvre et sa référence incessante à la Seconde guerre mondiale. D'autres critiquèrent sa propension au culte de la personnalité : « chez l'artiste allemand, l'image de soi resplendit avant toute autre, aveu d'égotisme sur l'œuvre. Identification facile que celle de Beuys, par l'apparence déjà invariable : le chapeau de feutre vissé sur la tête, le gilet d'aviateur. »[66] Lorsqu'il était pilote de la Luftwaffe, en 1943, Joseph Beuys fut victime d'un accident. A moitié gelé, il fut recueilli et soigné avec du feutre et de la graisse par des tribus

---

66 Paul Ardenne, op. cit., p. 128.

nomades : « Son épiderme est frotté au moyen de graisse animale, son corps protégé avec du feutre. »[67]

De nombreux croquis témoignent du défi de l'artiste de traduire graphiquement le souvenir de ses sensations liées à son expérience de « quasi-mort ». Dans ses dessins, nombreux sont les cadavres d'animaux ou de personnages, les squelettes de cerfs ou de lièvres. Les cadavres animaux avaient déjà intéressé Martin Schongauer, artiste de la Renaissance ; ceux-ci faisaient partie d'une esthétique déjà présente au XVe siècle. Or de simples ornements, ils acquièrent, notamment avec Hans Holbein et Martin Schongauer, tout leur pouvoir expressif et leur mobilité fébrile. En effet, de nombreuses œuvres du gothique tardif présentent des cadavres d'animaux ou de dragons, comme dans *St Michel* de Martin Schongauer (1480-1490) mais aussi des os présentés dans un univers mortuaire esthétisé. Beuys reprend cette tradition germanique d'exposition d'un cadavre animal, qui renvoie à un lien primitif à la nature ou au domaine de la chasse, tout en affirmant sa posture d'artiste-chaman, qui communie avec la nature. Parfois, c'est son propre crâne que dessine Beuys, à la manière d'un *memento mori.* Dans *Expérience crânienne d'hiver* (1951, collection Erich Marx, Berlin), un dessin au crayon sur papier, Beuys montre un crâne basculé vers l'arrière et traversé d'ondes nerveuses. Le crayon devient un oscillomètre. Tout se passe comme si l'artiste enregistrait ses perceptions liées à la saison hivernale et à l'expérience de la survivance. Beuys commente ainsi ses souvenirs d'hiver :

> « En été, l'extérieur nous attire ; l'hiver est plus propice à la réflexion. Mais d'un jour à l'autre, tout peut changer et le dégel commencer. »[68]

---

67 Fabrice Hergott, in *Joseph Beuys*, Paris, éditions du Centre Georges Pompidou, 1994, p. 152

68 Joseph Beuys cité par Armin Zweite in *Joseph Beuys*, op. cit., p. 336.

Plus funèbre encore, *Hasengrab* (1962-1967, Staatsgalerie, Stuttgart) est une vitrine qui devient une châsse mortuaire pour un lièvre invisible, dont seuls des indices, des reliques, vont attester de sa mort effective. Pour être précis, la relique est ce « fragment d'un corps disparu en lequel se recueille le souvenir de l'être dans sa totalité. »[69] La relique est un objet sacralisé qui assigne pour résidence quelques pauvres restes retenus de lui ou prélevés de son apparence. Ceux-ci sont mis en scène de manière ostentatoire, reprenant une logique de présentation propre aux reliquaires baroques comme une *Staurothèque* (Fribourg-en-Brigsgau, 1731-1732), où l'or domine. Chez Beuys, la vénération macabre et théâtrale rappelle les « *klosterarbeiten* », ces travaux de cloître, qui composaient autour des ossements un dispositif ornemental, comme les *Autels-reliquaires*. Dans le travail de deuil, la relique est ce qui permet d'accepter la perte et de quitter l'état de deuil. Avoir recours à une relique permet d'échapper au caractère inéluctable de la disparition. Pour Joseph Beuys, exposer un crâne ou mettre en scène un rite funéraire semblerait alléger une charge trop mortifère propre au deuil.

Parfois controversé, Joseph Beuys faisait partie de Fluxus, un mouvement qui valorise l'utilisation de rebuts et la spontanéité. En utilisant des matériaux organiques, plus ou moins périssables, Beuys explore le corporel. Il travaille avec du miel, de la cire d'abeille, de la terre, du beurre, des animaux morts, du sang, des os, de la poussière, des rognures d'ongles ou des poils... Son travail sculptural ou graphique donne à l'idée de froid l'aspect d'un phénomène vivant, qu'il associe à son expérience personnelle, à son esthétique et à sa propre mythologie. Dans ses performances, Joseph Beuys porte souvent un manteau de fourrure en poils de lapins. L'on sait l'importance qu'il donnait à ses apparitions et à ses tenues. Toujours coiffé d'un chapeau de feutre, il montre l'enveloppement de son corps dans un manteau qui le protège

---

69 Pierre Fédida, op. cit., p. 53-54.

du froid et fait de ce geste un moment fondateur de son engagement artistique. Il reprend l'attitude de l'artiste de la Renaissance Albrecht Dürer, qui, dans son *Autoportrait au manteau de fourrure* (1500, Alte Pinakothek, Munich) pointait son index vers lui-même, chaudement vêtu, dans une composition frontale et symétrique. Ces deux figures engagées de l'art ont eu besoin, pour affirmer leur identité d'artistes allemands, de montrer cette protection contre le froid. Dans *Costume de feutre* (1970), sculpture murale accrochée à un cintre, Beuys réalise un vêtement capable de protéger, faisant office d'armure contre le froid. Il conçoit ici une véritable enveloppe corporelle. Cet « objet couverture » contient des poils de lapins, de lièvres ou d'animaux des steppes d'Asie où vivent les nomades. Là encore, dans l'utilisation de ce feutre, on retrouve les traces de la mythologie personnelle de l'artiste. Si l'artiste vise à se protéger ainsi du froid, c'est aussi dans l'idée de métaphoriser sa survie dans un milieu hostile. D'autres œuvres se réfèrent plus précisément au froid par leur titre. *Ere glaciaire* est une sculpture minimale comportant un morceau de bois recouvert de graisse, qui s'apparente à un étalon. Beuys s'est souvent intéressé aux instruments de mesure du froid et du chaud, cherchant à capter ces moments où le froid permet de faire durcir l'eau, ou bien le moment où la graisse se solidifie. Ce sont les passages d'un élément liquide à un élément solide qui le fascinent.

Intuitif, Beuys incarne plus des idées qu'il ne cherche à donner forme au froid. Il puise dans son passé des références physiques et sensorielles liées au froid, qu'il réinvente et réadapte sous la forme d'archétypes sculpturaux. *Patins* (1949, Hessisches Landesmuseum, Darmstadt) est une sculpture qui évoque des jouets ou des outils primitifs en bronze doré. Quant à l'installation intitulée *Schneefall* (1965, Museum für Gegenwartskunst, Bâle), celle-ci combine des troncs d'épicea rassemblés sous un ensemble de couvertures de feutre superposées les une aux autres. L'artiste suggère ici l'idée de protection. De plus, cette œuvre minimale se réfère aux premières grandes glaciations de la préhistoire, époque où l'épicéa fit son apparition. Plus énigmatique, *Sculpture dans la brume* montre un objet mystérieux, exposé dans un bocal dont les parois floues évoquent un paysage brumeux. Le travail de Beuys multiplie par ailleurs les signes de la maladie et de la mort : croix rouges, sparadraps, qui avouent une relation traumatique au monde : « L'œuvre beuysienne n'en prend pas moins la forme d'une citation réitérée de cet événement-limite. »[70] Dans ses œuvres, l'artiste semble tenir à ce registre de la maladie. Serait-il à l'image de ce héros décrit par Schlegel :

> « J'étais malade et souffrais beaucoup, mais j'aimais ma maladie, et même la souffrance était la bienvenue ? »[71]

Auparavant, un artiste expressionniste comme Ernst Ludwig Kirchner n'hésitait pas à se peindre en malade avec des couleurs très expressives. Les couleurs avaient un aspect maladif. Le jaune était sale, le violet étouffé, les tons verdâtres et l'éclairage imprécis. L'autoportrait montrait plus qu'une maladie, un mal-être qui associait l'artiste à la figure d'un martyr. Nombreux sont les artistes qui se sont figurés en malades ou en blessés, comme Gustave Courbet, Vincent Van Gogh ou Edvard Munch. Ils rejoignent ainsi la conception de l'artiste maudit qui était présente au dix-neuvième siècle. La maladie ou la blessure serait non seulement preuve du génie de l'artiste mais également témoin de sa force d'engagement dans la création. Nathalie Heinich explique comment Joseph Beuys renoue avec cette conception de l'artiste dans *Etre artiste* : « Il a construit son personnage, dans la génération qui a suivi la seconde guerre mondiale, sur le modèle du prophète s'adressant à ses disciples, mêlant étroitement à ses créations une histoire personnelle qui confine à la mythologie héroïque. »[72]

---

70 Paul Ardenne, op. cit., p. 128.

71 Friedrich Schlegel, *Lucinde* cité par Pierre Wat, *Naissance de l'art romantique*, Paris, Flammarion, 1998, p. 106.

72 Nathalie Heinich, *Etre artiste*, Paris, Klincksieck, 1996, p.62.

Dans un collage intitulé *Jeune fille*, ce sont deux pansements qui figurent les jambes. L'espace intimiste de cette œuvre implique un lien particulier avec le spectateur et instaure un espace quasi-sacré. Les pansements deviennent métonymiques d'une partie du corps de la jeune fille tout en symbolisant le corps blessé de Beuys. Les croix rouges qui apparaissent dans certaines de ses œuvres comme dans *Infiltration homogène pour piano à queue* (1966) rappellent ainsi des souffrances occultées, personnelles ou ancestrales. En associant un piano, instrument de musique et porteur d'ondes sonores, au feutre, matériau qui symbolise l'idée de survie pour l'artiste, Beuys veut faire de cet objet un vecteur d'énergie. L'objet se camoufle sous le tissu qui l'ouvre à d'autres expériences sensibles. L'artiste vise, par son travail, à guérir la société de ses maux :

> « Les deux croix, dit Beuys, signifient l'urgence du danger qui menace si nous restons silencieux. »[73]

Une autre œuvre où le feutre domine est *Plight* (1986, musée national d'Art moderne, Paris). Un accès unique oblige le visiteur à se baisser pour passer sous des rouleaux de feutre. À l'intérieur, le dispositif paraît immense ; l'odeur du feutre est pregnante. Ce matériau mou, qui s'affaisse, recouvre entièrement les murs. Isolant thermique, le feutre fait éprouver rapidement une sensation de chaleur. L'on aperçoit alors, posé sur un piano à queue à côté d'un tableau noir replié, un thermomètre médical. Autant le feutre est une matière mate et brute, autant le piano est noir, lisse et brillant, lourd de symbolique culturelle. Beuys voulait insister sur le côté positif du matériau et visait à faire prendre conscience de notre environnement.

Beuys semble travailler dans l'urgence. La camionnette Wolkswagen qu'il expose dans *La Horde* (1969, Neue

---

[73] Joseph Beuys cité par Armin Zweite in *Joseph Beuys*, op. cit., p. 336.

Galerie, Museumlandschaft Hessen, Kassel) semble prête à emmener ses traîneaux. Elle est capable d'intervenir dans des lieux inaccessibles, pour apporter une médecine non officielle. Quant à la luge équipée de *Schlitten* (1969), celle-ci réunit les objets nécessaires pour les premiers soins dans un sac-médecine pour secourir des personnes qui seraient blessées : des seringues, une boule de graisse, une lampe-tempête, des bandes de gaze, des pansements... Même référence à la médecine dans *Zeige deine Wunde (*Montre ta blessure, Städtische Galerie im Lenbachhaus, Munich, 1974-1975), une installation qui présente des brancards métalliques dédoublés. Ceux-ci sont accompagnés de plaques de métal suspendues au mur. On pourrait croire que des blessés ont été transportés dans une salle d'hôpital. Le lieu d'exposition est chargé d'une tonalité morbide, évoquant les morgues. Les brancards sur roulettes sont stockés, gardant en mémoire les blessures dont ils ont été témoins. Mais les brancards peuvent aussi représenter les deux Allemagne placées côte à côte, blessées par la guerre. Là encore, Joseph Beuys s'imprègne de l'Histoire. Le titre de l'installation résonne comme une invitation à montrer la blessure qui est en nous. En insistant ainsi sur la souffrance comme point de départ de l'identité artistique, l'artiste montre comment le travail de création peut être curatif. Le psychanalyste Didier Anzieu a démontré les liens entre douleur et création : « Fracture, perte, dépossession, deuil : les vocables sont là, nombreux, propres à signaler l'épreuve que constitue ce *saisissement créateur.* »[74] Quant à la psychanalyste Murielle Gagnebin, celle-ci explique les liens entre la maladie et la notion d'identité : « La maladie appartient ainsi au malade, elle le caractérise, et va même jusqu'à jouer un rôle dans la découverte que le sujet humain fait de sa propre identité. »[75]

Toutefois, de nombreuses questions semblent devoir rester sans réponse : l'art allemand est-il susceptible de

---

[74] Murielle Gagnebin, op. cit., p. 80.

[75] Pierre Wat, op. cit., p. 106.

connaître une continuité ou doit-il être fait avant tout de ruptures ? Le climat artistique allemand des années soixante à quatre-vingt était sous l'influence d'un style internationaliste de rigueur. Ce système clos marqua l'art allemand occidental, de manière comparable au réalisme socialiste en Allemagne de l'Est. Joseph Beuys a inventé une démarche personnelle, refusant de se plier à un style international tout en interrogeant les fondements et les limites de sa propre culture artistique. Le travail de Joseph Beuys, « adepte de l'*action-plastic* et du processus chimique, qui utilise tous les matériaux possibles, jusqu'aux sapins de Noël vivants et aux lièvres morts »[76] relève d'une réaction contre le formalisme de l'art des années soixante. Beuys revendique l'inventivité, la spontanéité et le travail artisanal. Dans *Crucifixion* (1962-1963, Staatsgalerie Stuttgart), Beuys se réfère à la représentation traditionnelle de ce thème avec les figures de Marie et de Jean. Ici, l'œuvre s'assimile plus à un objet-relique qu'à une figuration réaliste. Les clous présents sur la croix symbolisent les souffrances physiques du Christ. Comme dans d'autres œuvres, les croix rouges renvoient à l'idée de douleur.

Revenons sur les matériaux employés par Joseph Beuys, comme la graisse et le feutre. Ceux-ci ont permis à l'artiste-chaman d'être soigné lors de son accident en Crimée, pendant la Seconde guerre mondiale. En résulte une expérience proche de la survivance. Plus qu'un témoignage de son accident et de son trauma, les matériaux apparaissent comme des résidus symboliques de sa propre mort, vécue en quelque sorte par avance, puisqu'il dit être revenu de l'« autre monde. » De plus, en les exposant dans des vitrines, Beuys les considère comme des reliques de son propre corps.

Plus spectaculaire est la performance *I like America and America likes me* dans laquelle Beuys, enmitouflé dans du feutre, se fait transporter en ambulance, jusqu'au lieu de confrontation avec un coyote. C'est encore en mimant la

---

[76] Ibid.

maladie qu'apparaît l'artiste. Quant à *Palazzo regale*, cette installation évoque l'*ABC de la guerre* et les photographies prises par Bertolt Brecht durant et après la Seconde guerre mondiale. Celui-ci cherchait à recenser les déflagrations et les dommages causés par la guerre dans un inventaire de clichés dénonciateurs. Le soldat se résume à travers une panoplie d'objets métonymiques : deux béquilles, une canne, un parapluie-canne, un bâton terminé par un gobelet de métal. Chez Beuys, un sac à dos, des morceaux de lard enroulés dans de la ficelle, des sortes d'attelles ou de béquilles, de la graisse et des bâtons composent le portrait d'un soldat absent. L'homme blessé se résume à une panoplie d'objets et se trouve réduit à l'anonymat. Tout se passe comme si la guerre ne pouvait être montrée que sous la forme d'un catalogue irraisonné d'objets présentés pêle-mêle. Il y a, dans *Palazzo Regale*, l'effet d'un départ, d'une expédition pour laquelle l'artiste chercherait à s'équiper, tandis que Brecht montre des objets photographiés dans leur immobilité. Or derrière ce besoin compulsif de réparer, tel que nous le rencontrons tout au long du travail de Joseph Beuys, ne se cacherait-il pas un aveu de culpabilité ? Nous savons que Beuys a vécu la Seconde guerre mondiale en tant que pilote dans la Luftwaffe. L'origine de sa culpabilité semblerait évidente. Mais en se posant en tant que victime, par son accident, Beuys ne trouve-t-il pas une manière d'échapper à la culpabilité ? Exploiter indéfiniment sa blessure le mettrait alors à l'abri du remord. Quant au thème de la destruction, celui-ci apparaît en filigrane, notamment dans l'installation intitulée *La fin du XXe siècle* (Hamburger Bahnhof, Berlin). Ici, des blocs de granit marqués d'un cercle sont échoués dans une salle vide. Beuys décrit cette salle comme un « campement d'hiver », un lieu servant à concevoir le travail futur. Il met en relation ces matériaux à son expérience de la neige, car c'est en hiver, pendant la guerre, qu'il fut recueilli par les Tatares de Crimée : « C'était l'hiver, les tempêtes de neige... »[77],

[77] Joseph Beuys cité par Armin Zweite in *Joseph Beuys*, op. cit., p. 336.

évoquait-il lors d'interviews. « Supposons que je doive entrer dans ma tombe, il y aurait tout de même, de cette tombe, une résurrection. »[78] L'idée de renouveau est donc nécessaire. Au-delà de ses sculptures visant à se remémorer l'expérience ultime du froid, l'artiste prône l'importance de l'action et du dépassement de soi.

---

78 Ibid.

Hanne Darboven : se souvenir du temps

L'œuvre d'Hanne Darboven est proche de l'art conceptuel. Après avoir travaillé comme pianiste, elle commence à étudier les arts en 1966. Puis elle part pour New York, où elle travaille de 1966 à 1968. Elle entre en contact avec l'art minimal par l'intermédiaire des artistes Sol Le Witt et Carl André. Née en 1941 à Munich, cette artiste allemande utilise invariablement la répétition, le retournement et la réflexion, tentant de conjurer avec soin l'écoulement du temps. Son travail ordonné comprend des décomptes et s'inscrit dans la temporalité. C'est en 1968 qu'elle débute une importante série de dessins sur papier millimétré et de représentations écrites, appelées « Indices-transpositions graphiques d'impressions». Dans ces travaux, l'interprétation personnelle se mélange avec l'analyse des réalités économico-politiques. Après le travail sur le calendrier de 1968, elle affirme « ne plus rien savoir des jours, du temps ; se contenter de prendre l'index mathématique de chaque jour, cette grande invention, cette fiction. Rien écrire, rien à dire ; quelque chose à faire, contempler, agir ».

L'artiste écrit des mots, recopie des nombres, construisant des suites temporelles logiques. Le temps n'est pas seulement une partie du quotidien, que l'on expérimente seul, il devient une mesure qui implique l'Histoire. Ses œuvres lui permettent de convoquer la philosophie, la musique, la littérature ou l'art, comme la culture quotidienne. Dans *Kulturgeschichte* (1980–1983), plus de mille feuilles mesurant 27 x 19 cm et dix-neuf objets sculpturaux sont réunis dans une tentative démesurée de rassembler un écoulement de temps historique.

C'est après avoir étudié à l'Académie des beaux-arts de Hambourg, qu'Hanne Darboven commence à travailler sur des tableaux abstraits, parfois en relief, se référant directement au constructivisme. Ses premiers dessins sur papier à carreaux sont intitulés *Konstruktionen*. Souvent basés sur la représentation de relations numériques, ces graphiques évoquent les lignes finement transcrites au crayon par l'artiste américaine Agnès Martin. Quant aux installations présentant des vitrines comportant des suites de nombres, elles sont proches des travaux conceptuels des artistes Art and Language. Textes, caissons, vitrines, classeurs, cahiers sont les matériaux privilégiés de ces artistes privilégiant la réflexion.

En 1969, Harald Szeemann, surpris par le travail d'Hanne Darboven, que l'on trouve parfois difficile d'accès, l'invite à Berne à l'occasion de son exposition manifeste : *When Attitudes Become Form*. Au-delà de l'aspect formel de son travail, il apprécie la minutieuse construction de systèmes. L'artiste choisit de noter les dates du calendrier comme un point de départ à sa démarche. La notion de temps traverse donc son œuvre. Or le temps est plus qu'un matériau ; il devient un processus. L'artiste tente d'enregistrer des laps de temps déterminés dans des dessins qui sont contenus dans des registres. Dans l'installation *Leben, Leben/Life, Living* (1997-1998), on peut voir des feuilles de papier identiques, alignées uniformément. Celles-ci tracent aux murs une structure, qui semblerait avoir pour but d'inscrire le temps de nos vies.

D'autres fois, le travail se complexifie. Darboven additionne un nombre donné d'indications, de dates individuelles et insère les résultats obtenus dans ses dessins-registres. Un peu à la manière d'un index, les dessins permettent de visualiser des périodes historiques et temporelles. L'artiste insiste sur le temps de réalisation de chaque projet, comme faisant partie intrinsèque de l'œuvre. Certaines pièces comportent ainsi des centaines de feuillets rassemblés, qui représentent une période plus ou moins longue, comme une année, un siècle ou le temps d'une vie d'une personne réelle ou historique. Le travail est complété par un index permettant de déchiffrer le système de codification employé. Certains y voient des partitions musicales, d'autres y décèlent de purs systèmes de notation numérique. Inspirée par John Cage ou Donald Judd, qui venaient tout juste d'ouvrir les frontières de l'art, Darboven a trouvé un système d'écriture propre à son œuvre. Certains de ses projets passent du domaine des mathématiques à celui de l'écriture musicale, comme *Die geflügelte Erde. Requiem.* D'autres pièces sonores sont jouées en public, telle *24 Gesänge – A Form.*

En 1978, le travail d'Hanne Darboven prend une tournure plus politique en se référant à une période polémique de l'histoire de son pays. Elle inclut des textes fragmentaires et des documents photographiques. A plus de 900 dessins s'ajoutent ainsi des citations de Bertolt Brecht ou de Willy Brandt. Une manière, somme toute, de mettre en relation l'action politique du chancelier Otto von Bismarck (1850-1890) à l'actualité de l'année 1978. Si la monotonie de ses travaux peut intriguer certains visiteurs, ses partitions de musiques méditatives consignées dans de gros volumes sont plus énigmatiques. Son œuvre très radicale n'a pas son pareil dans l'art. On peut la comparer à celle d'On Kawara, qui peint inlassablement des dates sur des toiles ou au travail de Roman Opalka, obsédé par le rituel d'inscrire des suites de nombres sur des toiles avec une peinture qu'il dilue progressivement vers le blanc absolu, ceci en se photographiant quotidiennement. Darboven va plus loin dans l'ouverture des frontières des arts plastiques. Elle n'a de cesse d'effectuer à l'infini un rituel continu, notant invariablement sur des milliers et des milliers de feuilles, des suites de chiffres et de lettres. Ce temps de l'écriture apparaît comme un moyen d'affirmer son existence.

Vivant depuis les années 1970 au sud de Hambourg, une vie aussi retirée que possible, Hanne Darboven intrigue par le caractère obsessionnel de son travail artistique. Une manière bien à elle d'affronter la notion de perte liée à l'écoulement du temps. Pour le projet *Enfants de ce monde*

(1990), l'artiste a rassemblé une collection de jouets d'enfants de provenances diverses. Elle a collecté de nombreux articles de masse comme des pièces rares... C'est volontairement, qu'elle a choisi des objets issus du quotidien afin que chacun puisse s'y reconnaître et dans le but de rendre la collection appréhendable aux générations futures. Ce projet quasi-muséal révèle également un intérêt d'ordre plus sociologique. L'artiste enregistre cette collection dans des cahiers d'inventaire, systématisant les objets au moyen de photographies ou par des marquages de couleurs. Les volumes de comptes, les feuilles dérisoires de papier sur lesquelles s'inscrivent du texte ou des chiffres, voilà ce qui permet à l'artiste de se souvenir du temps.

Thomas Demand : images du leurre

Reconstituer à l'échelle 1/1 des simulacres de décors réels d'architectures en utilisant du carton et les photographier ensuite, voilà le travail de Thomas Demand. Cet artiste, né en 1964 à Munich, travaille actuellement à Berlin ; il aime établir un lien trouble entre les preuves évidentes de son faux décor et l'aspect trompeur de ses photographies. Après avoir suivi des études en sculpture à l'Académie des beaux-arts de Munich de 1987 à 1989, Demand a étudié à Düsseldorf, à la Cité des Arts à Paris ainsi qu'au Goldsmiths College de Londres. Sa technique de la photographie couleur se double d'un savoir faire dans la reconstitution grandeur nature, en papier et en carton, d'intérieurs chargés symboliquement mais dénués de toute présence humaine. On remarque le climat d'étrangeté propre aux images ainsi générées. C'est souvent en s'inspirant d'espaces vus dans les médias que travaille l'artiste, explorant la manière dont ces lieux peuvent affecter l'inconscient collectif. Sculpteur de formation, Thomas Demand démontre ici sa sensibilité architecturale. Parmi ses œuvres, on trouve des halls d'immeuble, des bureaux, des salles de bains. En 1999, l'artiste expérimente un autre médium en réalisant un premier film : *Tunnel* (35 mm, 2 minutes en boucle). Le spectateur suit le trajet d'une voiture traversant un tunnel à toute vitesse. Il s'agit d'une reconstitution en carton d'un tunnel à deux voies, séparé par des piliers et éclairé par des ouvertures latérales. On retrouve le même type d'espace clos, fait en carton, dans *Escalator*, un film qui interroge la notion de mouvement tout en maintenant l'illusion de réalité. La répétition en boucle de la séquence laisse entrevoir une conception du temps en spirale.

En présentant des photographies de maquettes qui visent à imiter des lieux réels, Thomas Demand met en scène un monde dépeuplé, où il y a peu de détail. Les images apparaissent comme autant de leurres, visant à dérouter nos facultés de perception. Observons comment s'opère cette construction d'une fausse réalité dans *Campingtisch* : on découvre un faux mur en crépi tout en devinant la jointure du papier collé. Des dossiers, des chemises sans couleur, un tube renversé, des lunettes finement découpées, une bouteille d'eau minérale au bouchon fait de carton coloré... Ici, tout n'est qu'apparence. Le travail du collage apparent révèle la façon dont l'artiste a « bricolé » la scène. On a l'impression d'être face à un exercice de maquettiste ou de designer, dont le travail, semblable à celui de l'artiste défini par Hegel, serait de « connaître et reproduire jusque dans leurs plus infimes nuances les formes et les figures des objets. »[79] En cela, Thomas Demand semblerait rejoindre la tradition du Bauhaus, car il s'intéresse au côté formel des objets qu'il façonne à la taille réelle et qu'il photographie ensuite. Pourtant, le travail final s'apparente à un détachement inquiétant envers les objets copiés. Comme si l'artiste avait lu cette phrase de Ludwig Meiner pour ironiser dessus : « C'en sera fini de coller peureusement aux objets... »[80]

Loin d'être un simple copiste de la réalité, Demand prend de la distance. En effet, les lieux qu'il conçoit et photographie sont comme des coquilles vides, évidées de leur substance. Le critique Jean-Marc Huitorel commente ce dépouillement dans une photographie intitulée *Tribune* : « En interposant entre la réalité et l'image cet artefact de la maquette, il désincarne le bâtiment pour n'en retenir que l'enveloppe, pour en faire un archétype, voire un concept. »[81] Tout se passe comme si l'artiste ne visait pas à imiter des objets réels mais plutôt à créer des images-simulacres comme celles que décrit le philosophe Lucrèce dans *De rerum*

[79] Georg Wilhelm Friedrich Hegel, *Esthétique*, Paris, Champs Flammarion, 1979, p. 38.

[80] Georg Bloess, *Peinture et poésie expressionnistes : manifestes pour une subjectivité créatrice*, Saint-Denis, éditions Suger, 1999, p. 130.

[81] Jean-Marc Huitorel, « Thomas Demand, Le monde en silence », *Pour « Voir »*, novembre 2000, n°6, p. 35.

natura : « Remarquons d'ailleurs que les simulacres dont je parle se portent en tous sens, se distribuent, dans leur élan, de toutes parts ; mais, parce que nous ne pouvons voir qu'avec nos yeux, les choses ne se présentent à notre vue, avec leur forme et leur couleur, que du côté où nous tournons le regard. »[82] Thomas Demand se confronte à la vérité des images. Si les images-simulacres restent détachées de leur support, il s'agit de figures impalpables, « émises par les corps dont elles reproduisent l'image (...) pellicule, ou écorce, puisque l'image reflète l'aspect et la forme du corps dont elle émane avant d'aller errer dans l'espace. »[83] Pour sa part, Thomas Demand propose une forme de réalisation plastique de cette théorie des images. Ne désire-t-il pas mesurer la distance qui existe entre toute image et son objet ? La maquette photographiée permet de prendre la mesure de cette distance à travers un dispositif qui questionne notre regard :

> « Quand à la distance qui nous sépare des objets, c'est encore l'image qui nous la révèle et nous en fait prendre conscience. Car l'image, aussitôt émise, met en branle et pousse en avant l'air, dense ou léger, qui s'interpose entre elle et notre regard, air qui vient alors se répandre sur nos yeux, inonde nos pupilles et passe au-delà. Cela nous permet d'apprécier la distance à laquelle se trouvent les objets ...»[84]

La lumière qui baigne *Landing* (2006, Monika Sprüth Galerie, Cologne) est neutre. Le point de vue en plongée montre un escalier jonché de débris. Aucun personnage n'est présent. Le monde paraît vide. Même la fenêtre n'ouvre que sur du gravier. Nous ne sommes pas dans un espace extérieur mais face à des pans de carton, tout comme dans *Fenster*, où

---

[82] Lucrèce, *La nature des choses, De rerum natura*, Arles, Arléa, 1992, p. 158.

[83] Op. cit., p. 152.

[84] Ibid.

une rangée de bandelettes découpées dans du papier est vivement éclairée. Les rideaux sont ceux que l'on trouve généralement dans les bureaux. L'espace est impersonnel et froid. Les montants de la fenêtre en carton forment un cadre autour de celle-ci, qui n'ouvre sur aucun paysage. L'artiste reste dans un seuil d'indifférence par rapport à l'objet. Il ferait tout « pour récuser l'*aura* de l'objet, en affichant un mode d'indifférence quant à ce qui est juste là-dessous, caché, présent, gisant. »[85] A moins qu'il n'ait cherché à en révéler la part essentielle, composant une imposture qui, loin de simplement nous tromper, nous obligerait à un regard attentif sur la réalité ?

Toujours est-il que Thomas Demand créé un nouveau regard photographique, dans la mesure où il ne capture pas un morceau de réel, mais un fragment de faux réel. Il s'approprie ce lambeau de fausse réalité qu'il a lui-même créé et photographié. Le spectateur expérimente à son tour un mode inédit de relation à la réalité en se questionnant sur l'authenticité des objets ou des espaces qui lui sont présentés. Comme le montre Heinz Liesbrock dans *The Barely Visible Visible, Perspectives on Reality in Photography and Painting*[86], les photographes allemands contemporains explorent une contradiction conceptuelle, car ils s'appuient sur le pouvoir du visible tout en le questionnant. De grand format, les photographies de Thomas Demand immergent le spectateur dans l'image et le plongent dans le leurre. Dénuées de détail et d'intérêt narratif, elles sont glacées, lisses, froides et brillantes. Elles nous attirent et nous repoussent par leur éclairage peu intime, par l'absence de détail auquel le regard puisse s'accrocher ainsi que par leur atmosphère neutre. Les lieux ainsi montrés sont souvent des intérieurs, des espaces de bureaux anonymes, des chambres ou des pièces d'habitation

---

85 Georges Didi-Huberman, *Ce que nous voyons, ce qui nous regarde*, Paris, éditions de Minuit, 1992, p. 19.

86 *How you look at it. Photographs of the 20th Century*, Hannover, Sprengel Museum, 14.5-6.8.2000.

que nul ne semble habiter. Le monde est à l'ère du virtuel. Il ne s'agit pas, en effet, de photographies d'architecture intérieure, bien que la technique des maquettes y fasse référence. Parfois, le lieu présenté peut porter une charge angoissante. C'est le cas dans *Badezimmer (Beau Rivage,* 1997), où un coin de salle de bain est montré en contre-plongée. La porte est entrouverte sur un fond noir et un bain semble attendre une personne. La baignoire est celle d'une chambre d'hôtel de Genève, dans laquelle un politicien allemand fut retrouvé mort dans des conditions mystérieuses. Cette maquette fait penser aux reconstitutions de décor de cinéma : « c'est toujours la question de choisir la taille des images en fonction des buts dramatiques et de l'émotion, et non pas simplement dans le dessein de montrer le décor. »[87] De plus, le rideau à moitié tiré rappelle celui de la salle de bain du film *Psychose* d'Alfred Hitchcock.

Il y a donc une mise à distance indéniable du spectateur dans les photographies de Thomas Demand. Le monde semble vidé. Les meubles ne sont que des lignes. Le regard ne peut s'accrocher à aucune histoire. Le spectateur peut seulement essayer de déceler la tromperie de l'image ou admirer la virtuosité de l'artiste. Toutefois, la technique employée rejoint les préparations de Nicolas Poussin, qui avant de réaliser une toile, concevait de petites maquettes en carton afin d'y placer les personnages et d'étudier les effets de la lumière. Chez Demand, ce jeu de présentation d'images trompeuses a pour but de questionner le statut de l'œuvre d'art. Celle-ci n'est ni duplication ni transcription d'un réel qu'il s'agirait de traduire en termes plastiques, mais projection d'une illusion qui se donne à voir comme telle. Comme le remarque le critique d'art Emmanuel Hermange, « dans cette succession de simulacres (...), l'enjeu est de décider, de maîtriser la perte qui s'opère entre le réel et sa copie. »[88] Dans *Copyshop*

---

87 *Hitchock/Truffaut*, Turin, Ramsay, 1985, p. 182.

88 Emmanuel Hermange, « Revoir et corriger les espaces », *Pour « Voir»*, novembre 2000, n°6, p. 37.

(1999), l'artiste souligne de manière ironique ce jeu de duplication troublant et de mise en abyme. En voulant copier la réalité, l'enjeu s'avère « un jeu présomptueux dont les résultats restent toujours inférieurs à ce que nous offre la nature. »[89] Selon Hegel, l'art est limité dans ses moyens d'expression et, chez Demand, cette limite même est explorée au moyen du médium photographique. Dans *Drei Garagen* (1995), trois boxes alignés aux portes vertes se présentent massivement. Deux compartiments sont fermés, tandis que la porte du garage du centre est ouverte, projetant une ombre à l'intérieur du caisson. Si le gris du sol évoque un macadam, le fond sombre renvoie à un espace neutre ou virtuel. Nous retrouvons cette « volonté d'en rester à tout prix à ce que nous voyons, pour ignorer que ce volume-là n'est pas indifférent et simplement convexe, puisqu'il est creux, évidé, puisqu'il fait réceptacle (et concavité) à un corps lui-même cave, s'évidant de toute sa substance. »[90] Face à ces volumes identifiables mais non réels, nous pensons au : « *what you see is what you see* »[91] prononcé à propos des œuvres minimales de Donald Judd.

L'exposition *Grosse Illusionen*, qui avait lieu en 1999 à Bonn, interrogeait la réalité des images dans leur forme photographique. On pouvait y voir une partie importante des œuvres de Demand, dont *Rasen* (1996). Cette photographie d'une maquette figurant une pelouse en gros plan montre des feuilles de verts différents découpées dans du papier. La nature mise en scène dans *Rasen* s'oppose aux représentations traditionnelles. Cette imitation à la perfection d'un gazon peut être une forme d'hommage aux aquarelles particulièrement réalistes d'Albrecht Dürer, comme *Grosses Rasenstück* (1503). Si chez l'artiste de la Renaissance, le regard attentif sur la réalité était destiné à traduire celle-ci avec un réalisme particulier, nous assistons chez Demand, à une attitude

---

[89] Georg Wilhelm Friedrich Hegel, op. cit., p. 35.

[90] Georges Didi-Huberman, op. cit., p. 19.

[91] Bernard Glazer cité par Georges Didi-Huberman, ibid.

presque inverse. En effet, Dürer possède une vision précise et inaltérable de la réalité. Il ne lui échappe aucune ride, aucune aspérité et son regard s'incruste profondément dans chaque brin d'herbe. Mais bien qu'il fut un passionné de la forme, c'est surtout le caractère spirituel et le dessin des choses qu'il était avide de pénétrer.

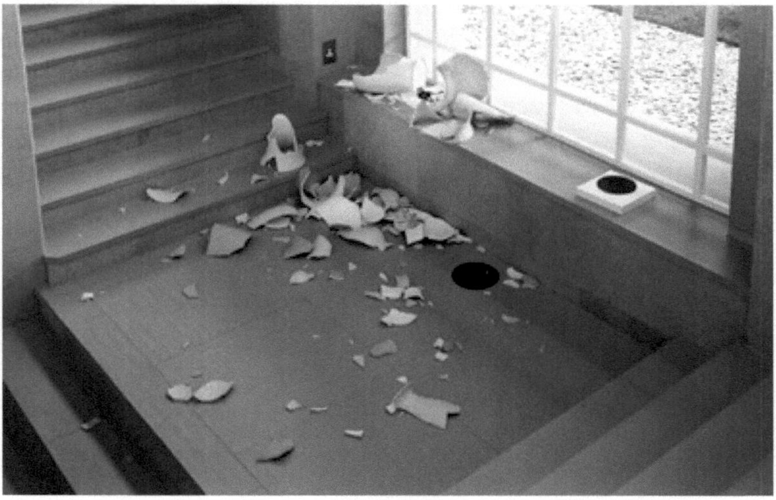

Thomas Demand, *Landing*, 2006. C-Print/diasec.
Chromogenic print and diasec. 180 x 286 cm. Edition (Auflage : 6).
TDE 81. © Thomas Demand/© VG Bild-Kunst.
Courtesy : Monika Sprüth/Philomene Magers © Adagp, Paris, 2009.

Quant à *Terrasse/BBQ* (1998), son ambiance teintée de rouge, de même que les nombreux résidus de verres, d'assiettes, de serviettes de table ainsi que les chaises dispersées évoquent la fin d'une fête. L'atmosphère est mélancolique comme si le travail de duplication débouchait sur l'idée d'une disparition. Dans le leurre, se lit donc à la fois l'ambition d'accéder à la réalité et la conscience de cette inaccessibilité. Reste que cette perte nous renvoie, comme en boucle, à cet « indésirable point de départ, le réel »[92], ce réel dupliqué de manière quasi-fantasmatique.

Nous retrouvons cette froide distance émanant des gris blanchâtres ou jaunes dans *Flur/Corridor* (1995), dont les portes closes n'offrent aucune percée. C'est un monde neutre, sans signes, dont seule l'enveloppe resterait. L'éclairage au néon affirme des surfaces glacées, imperturbables. Pourtant de petits signes interpellent le regard. Les jointures entre les murs et le plafond sont apparentes, trahissant la matérialité de la maquette. Quant aux découpes, elles se montrent dans de petits interstices, qui ont pour rôle de dénoncer le côté illusoire de l'espace représenté. Ces interstices, cependant, ne « tuent » pas l'illusion, mais la mettent en question. Un monde virtualisé se présente à nous. L'image photographique devient alors un médium de dématérialisation du monde.

92 Paul Virilio, *Esthétique de la disparition*, Paris, Galilée, 1989, p. 125.

Tim Eitel : gris monotone

Face aux peintures de Tim Eitel, le regard est pris dans une neutralité qui aplanit les surfaces, qui réduit les couleurs à des gris colorés, comme si le décor devenait dénué d'émotion ou de vibration. Même les rares personnages semblent adopter les couleurs des murs. Leur comportement est semblable à celui du narrateur du roman de Thomas Bernhard intitulé *Le Froid*. Celui-ci est mis en quarantaine dans un sanatorium et finit par revêtir la couleur des murs :

> « Il me fallait tout simplement adopter la couleur grise qui régnait ici ; pour supporter cela, il me fallait me rendre pareil. »[93]

Chez Tim Eitel, « le gris est l'immobilité sans espoir. Il semble que le désespoir, à mesure que la couleur s'assombrit, l'emporte. L'étouffement devient plus menaçant. »[94] Cet artiste, représentant de la nouvelle peinture allemande, adopte un univers froid et impersonnel, qui n'est pas sans rappeler les photographes de la Nouvelle Objectivité. S'il utilise des tons neutres, c'est pour retranscrire le monde de l'entreprise. Issu de la Hochschule für Grafik und Buchkunst de Leipzig, cet artiste, qui est né en 1971 à Leonberg, est considéré en ce moment comme une des promesses de la peinture en Allemagne. Tim Eitel, qui vit et travaille à Berlin et New York, a développé une technique néo-réaliste. Dans ses peintures, il isole divers éléments sur des fonds neutres en les combinant à des espaces semi-fictionnels. C'est une atmosphère mélancolique qui domine chaque scène. Le soin réaliste qui s'attache à la transcription des murs, des sols et des surfaces parfois miroitantes tranche avec la palette sombre et les aplats quasi-abstraits des panneaux gris. Ceux-ci

---

93 Thomas Bernhard, *Le Froid* (*Une mise en quarantaine*), Gallimard, Paris, 1981.

94 Ibid.

évoquent l'abstraction minimaliste de peintres américains comme Mark Rothko ou Barnett Newman. De nombreuses toiles de grand format présentent ainsi des sans-abris ou des caddies à roulettes, mettant l'accent sur la pauvreté dans le monde occidental. Dans *Wagen* (2005, Sammlung Frieder Burda, Baden-Baden), c'est de manière précise que Tim Eitel figure un wagon de chantier bleu et blanc. Celui-ci se détache sur un fond composé de trois bandes verticales, dont l'une est noire, la seconde blanche et la dernière grise. On sent ici l'influence de la peinture américaine. Pourtant, le wagon dépeint avec minutie vient rompre cette harmonie grise et confère un caractère urbain à l'image. Quant à *Asphalt* (2007, Sammlung Frieder Burda, Baden-Baden), cette huile sur toile présente des chariots de sans-abris contenant de nombreux sacs plastiques. On aperçoit une paire de chaussures suspendue, des blousons, quelques affaires personnelles. Le fond est gris, semblable à un monochrome qui contiendrait les reliques d'une personne absente, écartée de la société.

C'est après avoir étudié la philosophie à l'Université de Stuttgart entre 1993 et 1994, que Tim Eitel entreprend des études artistiques à Halle de 1994 à 1996, puis de peinture à Leipzig de 1997 à 2001. Sa formation mêle une réflexion sur la tradition picturale liée à la figuration, tout en reprenant des couleurs sombres, métaphysiques ou mélancoliques. Les teintes sont plus abstraites dans *Plane* (2006), où un tissu blanchâtre, semblable à un linceuil, recouvre une masse informe. Dans *Tür* (2006), un mur uniformément gris et mat se réfère aux toiles monochromes grises de Gerhard Richter. Ce mur occupe la majeure partie de l'image, tandis qu'à l'extrême gauche, un personnage féminin vêtu de rouge entre dans un corridor. Cette silhouette se détache sur un fond noir, qui lui confère une gravité. Par le choix de teintes froides, Tim Eitel décrit ici une esthétique déshumanisée propre à l'espace des bureaux. D'autres peintures, comme *Bau*, présentent des variations sur ce thème. Les teintes sont toujours neutres et posées en aplats. Une secrétaire est assise à côté d'un bureau comportant une lampe articulée et un ordinateur peint en gris.

Le mobilier est discret. Dans de nombreuses toiles, les décors sont réduits à des indices, à des monochromes, comme dans *Empty room* (2004, galerie Eigen + Art, Leipzig). C'est ici un couple parental qui est peint. L'homme est placé devant une poussette pour enfant ; il est accompagné d'une femme. Ce moment semble retiré du contexte social et quotidien pour être figé dans un univers dénudé. Ne restent que des silhouettes colorées sur un fond gris. Quant à *Büro*, cette toile est divisée en deux panneaux. Des personnages masculins discutent devant une secrétaire assise à un bureau. L'univers du travail ici dépeint devient absurde. Il ne semble plus y avoir de communication entre les personnes. Ainsi dans *Paar*, un couple est assis dans un espace clos. Une barre verticale au premier plan coupe une partie de la toile, séparant les personnages. Le reste de la toile est peint dans des tons gris. Seule une découpe lumineuse évoque une fenêtre hors-champ et apporte quelques touches de lumière sur les personnages méditatifs. L'homme est assis dans un espace intérieur, le sol reflète son ombre. Il tient une canne tandis que l'on ne peut voir le visage de la femme. La toile est barrée par un pan de mur noir, comme un monochrome de Barnett Newman. De telles vues déshumanisent les espaces et donnent l'impression que les personnages traversent des espaces virtuels.

Les paysages peints par Eitel ont la même tonalité grise et triste que les intérieurs. Les silhouettes des arbres sont souvent décharnées et l'atmosphère est profondément triste. C'est avec un souci proche du photo-réalisme, que Tim Eitel montre des vues de paysages semi-urbanisés, comportant des éléments architecturaux contemporains. Dans *Abend* (2003, Sammlung Frieder Burda, Baden-Baden), un personnage féminin apparaît de dos. Cette figure féminine rappelle celle présente dans les toiles de Caspar David Friedrich. La femme semble ici contempler la campagne sous un ciel gris pâle. Cette silhouette de la promeneuse invite à une méditation sur l'atmosphère du paysage à la lumière du soir. Plus minimal, le paysage dépeint dans *Ufer* (2004, Sammlung Frieder Burda, Baden-Baden) est réduit à un arbre solitaire sur un fond de paysage enneigé. Cette toile serait-elle un hommage aux nombreux paysages d'hiver peints par Caspar David Friedrich ? Enfin, dans *Treppe im Park* (2004, Sammlung Frieder Burda, Baden-Baden), le décor est succint. L'artiste joue à pousser les limites entre figuration et abstraction, reprenant les problématiques abordées par le peintre Gerhard Richter. Les arbres du fond sont réduits à des squelettes décharnés, tandis que les tons à dominante grise et mauve évoquent l'abstraction minimaliste.

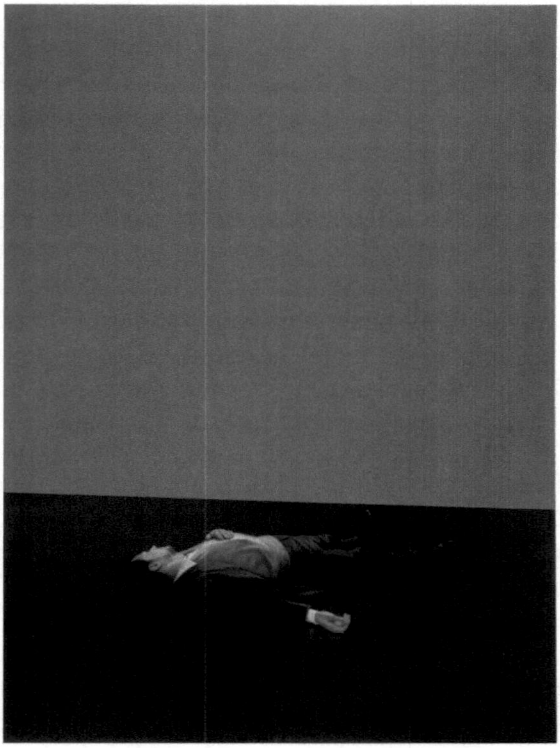

Tim Eitel, *Liegender*, 2005. Huile sur toile, 250 x 190 cm.
© Galerie Eigen+Art, Leipzig/Berlin and Pace Wildenstein.
Photo : Uwe Walter, Berlin.

Ce qui domine, dans les peintures de Tim Eitel, c'est cette impression de solitude. A travers les diverses postures des personnages qu'il représente, Eitel réalise un véritable portrait de la société. S'il souligne l'idée d'anonymat, il pointe également les liens entre l'individu et son environnement. Plus dramatique, la toile intitulée *Liegender Man* (2005, galerie Eigen + Art, Leipzig) présente un homme en costume sombre allongé sur un sol gris. On ne sait pourquoi il est figé dans cette attitude. En résulte une impression pesante, menaçante, comme dans *Black Sand* (2004, galerie Eigen + Art, Leipzig), où deux enfants vêtus de sweats jaunes s'amusent dans le sable noir d'une plage. Le ciel tient une grande place et la mer est réduite à une ligne bleue foncée. Or les teintes très sombres suggèrent un malaise. Enfin, dans *Grey Clouds* (2004, galerie Eigen + Art, Leipzig), un ensemble de bâtiments gris est surmonté d'un énorme nuage. Le sol est limité à une surface monochrome grise. Tout est traité en aplats, à l'exception du nuage, dont les ombres tranchent avec le reste de la toile. Comme si une intense menace plombait le ciel, risquant d'étouffer le décor.

Hans-Peter Feldmann : disparitions

Après avoir montré pendant plusieurs années des objets du quotidien, Hans-Peter Feldmann, qui est né en 1941 à Düsseldorf, commence à produire des « cahiers », sortes de recueils conceptuels, dans lesquels il met en scène des photographies de petit format. Ces cahiers rassemblent des images trouvées et des vues banales (*34 cahiers,* 1968-1974). C'est avec un papier gris qu'il les relie, fabricant ainsi ses propres publications avec des matériaux simples et neutres, sans aucune couleur. *8 Bilder* ou *5 Bilder* contiennent respectivement huit et cinq photographies et forment des recueils minimalistes présentant des ambulances et des lits défaits. L'artiste a également conçu des installations conceptuelles, comme *Eiereimer auf Stuhl mit Pappsockel* (2003, galerie Johnen Schoettle, Cologne), où une chaise de bois est surmontée d'un seau métallique contenant des œufs. Face à cette œuvre énigmatique, l'on pense aux installations de l'artiste conceptuel belge Marcel Broodthaers...

Reprenant la tradition des livres d'artistes, les recueils de Feldmann ne sont pas signés et sont imprimés à 1000 exemplaires. L'artiste vise à tourner en dérision les objets de masse produits de manière industrielle et varolise l'idée de matérialité de l'objet. Il part d'images insignifiantes afin de metrre en place une réflexion sur l'idée de reproductibilité. C'est ce qu'il fait dans *Wolken* (2004, galerie Konrad Fischer, Düsseldorf), en exposant plusieurs photographies de tailles différentes sur lesquelles on voit des nuages et des vues de ciels. Ces « cahiers » collectionnés sans lien personnel apparent et sans texte véhiculent l'idée de fragilité. L'artiste les présente généralement dans des vitrines, comme l'artiste français Christian Boltanski, qui y exposait des fac-similés de ses jouets d'enfants. Cependant, Hans-Peter Feldmann revendique une conception ludique de l'art et va jusqu'à colorier certains travaux à la main. Dans *Alle Kleider einer Frau* (*Tous les habits d'une femme,* Staatliche Museen zu

Berlin, 1974), Feldmann a photographié 72 vêtements du quotidien d'une femme, cherchant à les élever au statut d'œuvre d'art. Son travail comporte une dimension parodique, dans le sens où les vêtements paraissent insignifiants et dérisoires. De plus, ils appartiennent à une parfaite inconnue.

D'autres œuvres mettent en scène des souvenirs d'enfance personnels, anonymes ou fictifs, comme dans *Objekt mit roten Schuhen und kolorierter Photokopie*. La répétition de ces images ou objets photographiés fait l'objet d'un véritable rituel. Les souvenirs exposés par Feldmann apparaissent comme des souvenirs-écrans ou des souvenirs-couvertures, pour reprendre l'expression de Freud (1899). Ces souvenirs camouflent un événement traumatique qui serait enfoui dans la mémoire. Chez Feldmann, tout semble caché derrière l'anonymat. Une expérience douloureuse d'origine inconnue affleure, comme si un drame allait crever la surface des images. Pourtant rien ne se passe. Les images sont neutres et restent muettes. Le réel semble avoir été frappé d'amnésie immédiate. Sous l'apparente légèreté des photographies, Feldmann ne reprend pas seulement l'esthétique du jeu amorcée par Christian Boltanski dans ses *Saynètes comiques*, il s'attache à une pratique artistique apparemment futile et incohérente, comme s'attardant dans un pays d'enfance, naïf et innocent, d'où l'on ne devrait jamais sortir. Dans *Sich verbeugender Mann* (2003, galerie Johnen Schoettle), ce sont trois silhouettes noires découpées qui représentent un homme penché. L'aspect ludique des silhouettes de carton contraste avec le noir qui les apparente à des ombres mortuaires.

On pourrait penser que Feldmann met en scène sa propre anamnèse. Du moins s'approche-t-il de la « réserve de l'incréable », c'est à dire « du noyau maternel, le noyau de la relation au corps de la mère »[95], telle que le conçoit André Green. Pour ce psychanalyste, tout artiste qui s'approche trop de ce noyau, le rend silencieux. Aussi les souvenirs d'enfance

---

[95] André Green cité par François Duparc, *André Green*, Paris, PUF, 1996, p. 119.

exploités par Feldmann, comme ses actions quotidiennes ritualisées, restent-ils silencieux et n'ouvrent sur aucune vérité, sur aucune histoire personnelle. Quant à la tonalité ironique de ses œuvres, elle met en forme cette conception de l'art formulée par Goethe, pour qui « l'art est une occupation grave. »[96]

Ce serait finalement à nos souvenirs inconscients que s'adresserait Feldmann. Derrière la mélancolie de certaines installations, l'on sent affleurer des drames inconnus. Dans l'installation qu'il réalise à partir de photographies de personnes décédées (*Décédés*), se met en place un véritable dispositif de commémoration. L'absence des personnes disparues met face à l'expérience du deuil, telle que chacun peut ou pourra la ressentir. Feldmann se confronte ici à l'image impossible des morts, construisant une installation où la lumière met l'accent sur une tonalité funèbre comme dans *Shadow Installation* (2005, Carré d'art de Nîmes). La répétition de visages défunts met en scène une disparition en masse, reprenant l'esthétique insoutenable d'un univers concentrationnaire.

---

[96] Johann Wolfgang von Goethe, « Naïveté et humour » (1817), *Ecrits sur l'art*, Paris, Flammarion, 1996, p. 264.

Isa Genzken : monolithes

Navigant entre sculpture et design, l'œuvre d'Isa Genzken, qui est née à Bad Oldesloe en 1948, est protéiforme. Après des études d'histoire de l'art à Düsseldorf et de philosophie à Cologne, l'artiste étudie également à Berlin ainsi qu'à Hambourg. Choisissant de travailler principalement la sculpture, elle a également enseigné le design à la Fachhochschule Niederrhein de Krefeld de 1978 à 1979. Son approche multimedia lui permet de travailler avec la photographie, la video, le collage ou la sculpture. Vivant à Berlin depuis 1996, Isa Genzken a participé notamment au *Skulptur Projekte* de Münster en 2007. De cette manière, elle tente d'explorer l'impact de nos gestes et de nos postures sur l'environnement. Egalement intéressée par nos habitudes dans l'espace public, Genzken utilise des matériaux qu'elle recycle, jouant avec des accessoires provenant de la vie quotidienne, comme des parasols, des objets, des miroirs... Nommée *Sans titre,* son intervention à Münster investissait la place qui se trouve devant l'église Überwasserkirche. On pouvait y voir douze assemblages sculpturaux constitués de matériaux « cheap », qualifiés de kitschs. Les œuvres étaient des objets-combinés, faits de plastique, de tissus colorés, de vieilles peluches, de poupées, etc... L'artiste façonne depuis de nombreuses années des sculptures improbables, composées en partie d'éléments du design quotidien, comme des chaises pliantes, des parasols comportant des fleurs en plastique et des éléments de plexiglas. Les sculptures semblent totalement improvisées sur place. Des casquettes de baseball, des chapeaux ainsi que des parasols protègent les étonnantes poupées du soleil mais aussi de la pluie. L'artiste les soumet volontairement à la foule, étudiant leur dégradation probable. Situés devant une église, les objets-sculpturaux jouent avec la signification de l'emplacement envisagé pour ce projet sculptural. C'est aussi une manière de mettre en avant le grotesque des figures, en un mot, de tourner le dos à la tradition sculpturale religieuse. Face à ces œuvres éphémères et bigarrées, le spectateur peut choisir entre la contemplation ou le vandalisme.

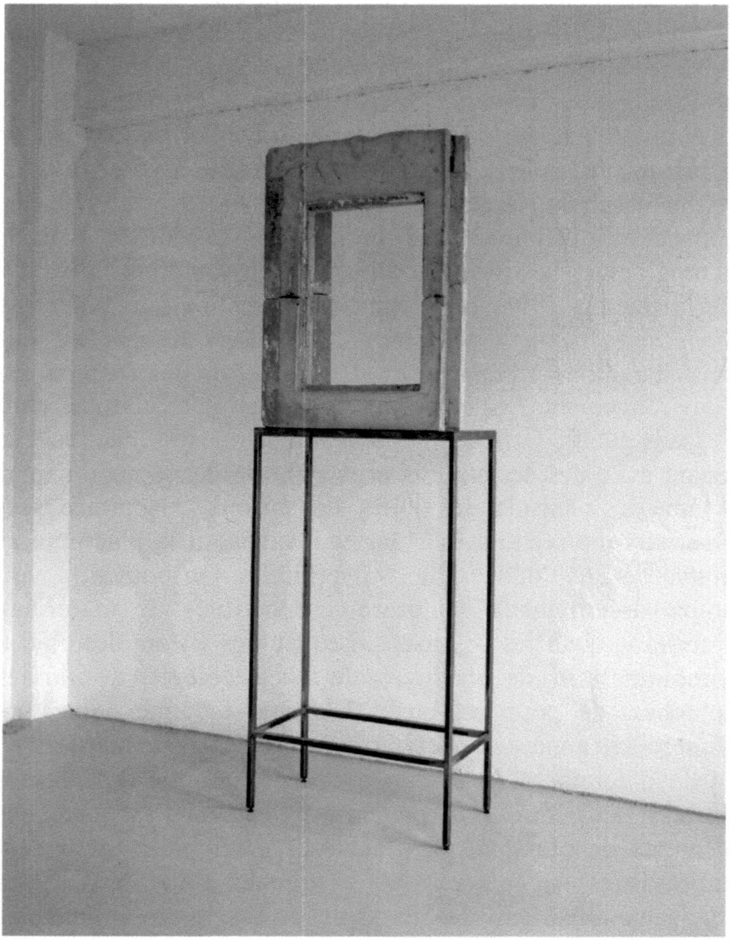

Isa Genzken, *Fenster*, 1990, 250 x 80 x 40 cm.
© Museum Frieder Burda, Baden-Baden.

Quant aux sculptures plus anciennes de l'artiste, elles sont souvent des résultats de combinaisons et de mixages, où les matériaux sont plus denses, plus lourds, plus massifs. L'artiste s'amuse à mêler des références à l'architecture, au design et à la sculpture d'avant-garde, notamment celle des constructivistes. Ainsi, *Untitled* (2006) présente un pied de lampe associé à des matériaux de récupération. La lampe instable est semblable aux sculptures de Jean Tinguely et ressemble aux lampes imaginées par le designer allemand Ingo Maurer. Autre lampe sculpturale dans *Untitled* (2006), cette fois-ci réalisée en métal et tissus. Elle est pourvue d'un petit moteur qui lui donne du mouvement, toujours dans l'esprit surréaliste d'un Tinguely. De telles sculptures lumineuses ont été précédées de recherches sur la lumière dans des œuvres picturales. Intitulées *MLR* (*More Light Research*, 1992), ces peintures sont inspirées par Gustav Klimt et ses motifs asbtraits. Réalisés en laques, des panneaux sur toile ressemblent à des négatifs photographiques, évoquant une esthétique de la pixélisation propre aux phénomènes lumineux.

Toujours axées autour d'une réflexion sur les objets de notre environnement, certaines sculptures renvoient à la maladie ou au handicap. Des béquilles assemblées entre elles sont appuyées contre un mur dans *Untitled* (2006). Cette sculpture d'aspect minimal, composée de matériel médical, traduit l'idée d'un équilibre précaire. Face à cette œuvre, on pense à un corps malade, nécessitant une aide. Cette sculpture n'est pas sans rappeler les œuvres de cire de Thomas Schütte, notamment ses *United Enemies*, petits personnages pourvus de béquilles. Plus grinçante ou cynique, une chaise roulante est recouverte de plastique dans *Geschwister* (2004). Deux bols sont posés sur le marchepied, amenant le spectateur à se poser une foule de questions. A qui s'adresse cette sculpture faite de matériel médicale ? Au spectateur ? A l'artiste ? A la société ? Etranges totems, ready-made détournés, objets sériels destructurés, les sculptures d'Isa Genzken abordent l'objet dans un esprit ludique et anti-conformiste. *Untitled* (2006) est un fauteuil réalisé en plaques de métal assemblées. Il est recouvert de matériaux mixtes et de couleurs désordonnées appliquées en une sorte de « dripping ». Il y a ici une véritable disparition des frontières entre peinture, œuvre sculpturale et objet industriel. Le meuble qui en résulte s'apparente au design. Semblable à un prototype, le fauteuil est également un clin d'œil aux divans que créé le sculpteur viennois Franz West, lorsqu'il conçoit des structures métalliques recouvertes de tapis usés. D'autres fois, les sculptures sont réalisées à partir de mobilier détourné, comme dans *Sans titre* (2006), où des chaises pliantes en métal et plastique rose s'empilent autour d'un bloc blanc et gris, le tout surmonté d'une chaise en plastique rouge de l'éditeur de meubles Kartell. Enfin, dans *Kinder Filmen* (2005), l'artiste a recouvert de grands miroirs de rayures multicolores. Les coulures sont nettement apparentes et les grands miroirs forment un hommage aux œuvres abstraites de Gerhard Richter. Qu'il s'agisse des sculptures en bois, en plâtre ou en béton, des *Lampes* ou encore des *Stèles*, les œuvres visent toutes à redéfinir les liens entre l'œuvre, l'espace et le spectateur. S'inspirant du constructivisme et du minimalisme américain, les sculptures d'Isa Genzken se déploient dans l'espace vertical, comme les *Ellipsoïdes* (1976-1982) et les *Hyperbolos* (1979-1983), qui vont jusqu'à 12 mètres de haut, tandis que d'autres œuvres explorent l'horizontalité. Parfois posées à même le sol, les sculptures se réfèrent à l'architecture, comme les blocs de béton massif intitulés *Maisons* (1985). Ces sculptures monolithiques et irrégulières s'apparentent à des masses inertes, à des dalles sans autre référence que leur présence brute. Quant à une sculpture de béton intitulée *Weltempfänger* (1990, Sammlung Frieder Burda, Baden-Baden), celle-ci comporte une antenne métallique et ressemble à un résidu de poste de radio. Domine ici l'idée d'une communication impossible. Le débri de béton semble avoir été détaché d'un bâtiment détruit et se rattache à l'esthétique des ruines.

Egalement brute, la série des *Fenster* (1990, Sammlung Frieder Burda, Baden-Baden) propose des structures métalliques, qui supportent des fragments de béton. Ceux-ci figurent les cadres incomplets de fenêtres. De telles œuvres évoquent les chantiers de construction et se présentent comme des fragments d'architecture. De même, *New Buildings for Berlin* (2002-2003, Sammlung Frieder Burda, Baden-Baden) renvoie à un projet architectural inabouti. Des morceaux de verre et des miroirs assemblés verticalement composent une maquette de grattes-ciel. Enfin, certaines œuvres sont plus légères et jouent avec l'idée de reproduction. Ainsi *Rose (*1993, Sammlung Frieder Burda) est une sculpture conçue pour l'extérieur. Il s'agit d'une rose géante réalisée en acier. Celle-ci mesure huit mètres de haut. Le spectateur est surpris par l'échelle démesurée de la fleur. Une autre version existe. Intitulée *Kleine Rose (*1997, Sammlung Frieder Burda), celle-ci mesure un mètre quarante. C'est ici le jeu avec les matériaux qui prime, car la fleur est réalisée en acier, en aluminium et en porcelaine. La nature n'est plus ce fragile végétal, souple et fugace. La fleur peut résister aux assauts du temps ; elle est devenue pérenne.

Andreas Gursky : paysages saturés

Devant les paysages démesurés photographiés par Andreas Gursky, nous sommes pris de vertige. Né à Leipzig en 1955, ce photographe réalise des images de très grand format. Représentant du réalisme photographique de l'école de Düsseldorf, cet artiste travaille avec un certain détachement. On note une distance particulière envers le sujet dans ses paysages, souvent photographiés de loin. Qu'il s'agisse des vues urbaines de Tokyo ou de Shanghaï, de la baie de Hong-Kong ou d'une autoroute en Allemagne, les images sont parfois saturées de signes ou, au contraire, dénuées de repères. C'est notamment le cas dans les vues de moquettes ou dans les faux plafonds métalliques montrés en gros plan. Certains immeubles d'habitation présentent des grilles de fenêtres répétitives. Quant aux vues intérieures de supermarchés, elles débordent de produits de consommation aux couleurs saturées (*99 Cent*, 1999). Parfois, les rencontres sportives sont le prétexte d'un déploiement d'une foule immense, immortalisée dans son aspect compact. Même chose avec les salles de concerts (*13.09.01 Madonna I*, 2001) ou les images de raves techno... Foisonnantes de détails, les vues révèlent un monde trop dense, voire surpeuplé. Le photographe insiste sur les lieux d'échanges et de connexions comme les ports, les aéroports ou les autoroutes. Après avoir étudié à la Folkwangschule d'Essen, Gursky a complété sa formation en entrant, en 1980, à l'Académie des beaux-arts de Düsseldorf, où Bernd Becher enseigne la photographie. S'il débute en réalisant une série de photographies de gardiens d'immeubles de bureaux, il s'affranchit de l'influence des Becher à partir de 1984 et crée des images de marcheurs et de skieurs dans la montagne ou de nageurs sur le Rhin, focalisant sur la manière dont l'homme investit le paysage durant son temps libre.

C'est en 1990, que son travail change lors d'un voyage au Japon. En photographiant la bourse de Tokyo, Gursky cherche à montrer le monde d'aujourd'hui, visant à cadrer ce qui définit nos modes de vie actuels. Il photographie ainsi les immeubles d'habitation, ceux de bureaux (*Times Square*, 1997), les lieux où l'on se réunit (*Brasilia-salle d'assemblée plénière*, 1994), et ceux où l'on consomme (*Prada II*, 1997)... L'artiste n'hésite pas à reprendre certaines parties de l'image par ordinateur. Il devient difficile de se repérer dans l'abondance de détails. Pourtant, les angles de vue et les cadrages sont souvent identiques, valorisant une distance envers le monde photographié. Les images sont retravaillées en numérique, dans le sens du dépouillement. On remarquera les prises de vues frontales, affirmant de manière presque glaciale une neutralité envers le paysage photographié. Ainsi certains paysages sont loin de toute sensibilité romantique.

Les glaciers des hauts sommets neigeux photographiés par Andreas Gursky paraissent figés sous des lumières atténuées qui aplanissent les reliefs. Ainsi, dans la vue du glacier *Aletschgletscher*, Gursky reste à une très grande distance, ceci afin de suggérer un espace démesuré. Le glacier d'Aletsch est le plus grand glacier des Alpes. Situé dans le Sud de la Suisse, il est entouré au nord par le massif de la Jungfrau. Le choix de la prise de vue, le grand angle et les prises éloignées ôtent ici au spectateur la possibilité de rentrer dans l'image. Le recul du photographe vis-à-vis du paysage apparaît comme l'indice d'un détachement. Il y a cette forme de compression du paysage dans les grands formats d'Andreas Gursky, qui, pourtant, offre une vision extra large du glacier. En choisissant de quitter les vues urbaines et en s'élevant dans les froides hauteurs, Gursky ne rejoint-il pas l'attrait nietzschéen pour l'air froid des hauteurs, propice au silence ? « Nous comprendrons mieux ces dialectiques des éléments imaginaires quand nous aurons montré que le *froid* est une des qualités maîtresses de l'air *nietzschéen.* »[97] On notera le choix du cadrage resserré, le point de vue qui souligne la massivité du pan de montagne ainsi que le choix d'une lumière qui efface toute impression de grandeur. Tous ces moyens ôtent

[97] Gaston Bachelard, *L'air et les songes*, Paris, José Corti, 1943, p. 174.

au paysage tout effet de dilatation et d'immensité malgré la grande taille du format. Si Andreas Gursky réalise des photographies dont les couleurs sont raréfiées ou dispersées, la lumière souvent pâle et neutre rejoindrait la conception qu'en avait Nietzsche : « la lumière nietzschéenne est une flèche, un glaive. Elle donne une blessure froide. »[98]

Quant à la photographie *Engadine* (1995), celle-ci présente une immensité enneigée traversée par une minuscule ligne de skieurs de fond. Les personnages apparaissent comme des points colorés. En cela, le photographe contemporain rejoint la tradition picturale de la Renaissance allemande, notamment la manière dont les peintres plaçaient des personnages dans les lointains, afin de suggérer une profondeur à leurs toiles. Ici, ce jeu devient dérisoire et accentue le contraste entre la montagne, espace vierge, et l'occupation de son territoire par l'homme. La lumière froide, de même que l'absence de relief ôtent à cette étendue glacée toute sa dimension contemplative. Si le ciel est bleu, l'air reste gelé et renoue avec la philosophie de Nietzsche, chez qui abondent les images du soleil froid. Dans le très beau *Chant de la nuit* (Zarathoustra), on lit cette stance :

> « Les soleils volent le long de leur voie ; c'est là leur route. Ils suivent leur volonté inexorable ; c'est là leur froideur. »[99]

Ailleurs, les brumes enveloppent une cabine de téléphérique au sein d'un paysage montagnard dans *Cableway/Dolomites* (1987). Le brouillard mis en scène dans certains clichés rappelle les brumes des toiles de Caspar David Friedrich. Or les personnages sont souvent placés en retrait dans les clichés de Gursky, qui les fait apparaître comme de minuscules figures. Ils ponctuent les paysages glacés et

---

98 Op. cit., p. 172.

99 Op. cit., p. 174.

deviennent des caractères secondaires dans l'image, contrairement aux silhouettes vues de dos chez Friedrich, livrées à la contemplation. Chez le photographe contemporain, les skieurs sont réduits à de simples signes graphiques sur la neige, tandis que l'on peut observer leurs vêtements et leurs attitudes précisément chez Friedrich. L'accent est donc mis par Gursky sur l'immensité des paysages, dans lesquels les humains ne sont pas identifiables. Dans *Vallée de la Ruhr* (1989), un personnage solitaire se promène au milieu d'un champ sous un immense pont de béton ; il est perdu dans un paysage grisâtre et humide d'hiver. Dans *Klausenpass* (1984), c'est un paysage alpin qui est cadré en plan rapproché. Celui-ci fut probablement pris du massif d'en face, ce qui ôte tout effet de plongée ou de contre-plongée. L'espace photographié déborde du cadre. On distingue quelques résidus de neige, des sapins et des rochers noirs. Moins distincts, quelques personnages sont disséminés sur un chemin. Le paysage est réduit à de simples éléments. Cependant, la minutie le cède à l'indistinction. Les tonalités sont vertes, grises et assourdies. La lumière dissout les contrastes. On est saisi par une dialectique de la perception qui fait naître un certain vertige devant cette masse montagneuse. La disposition des promeneurs suggère une nature domestiquée, propice aux loisirs bourgeois. Ici, rien de mystérieux, rien de divin, contrairement aux paysages peints par Friedrich. De même, dans *Tour de France I* (2007, Monika Sprüth galerie, Cologne), une route montagneuse en lacets est traversée par de minuscules personnages, cyclistes et spectateurs. Le point de vue placé à très grande distance suscite une impression de vertige et nous éloigne des figures humaines, à peine perceptibles. La conception du paysage chez Gursky correspondrait à celle que définissait Nietzsche dans *Le Gai savoir* : « maintes grandeurs (...) demandent à être vues à distance, et surtout d'en bas, non d'en haut. »[100]

---

[100] Friedrich Nietzsche, *Le gai savoir*, Paris, Gallimard, 1982, p. 65.

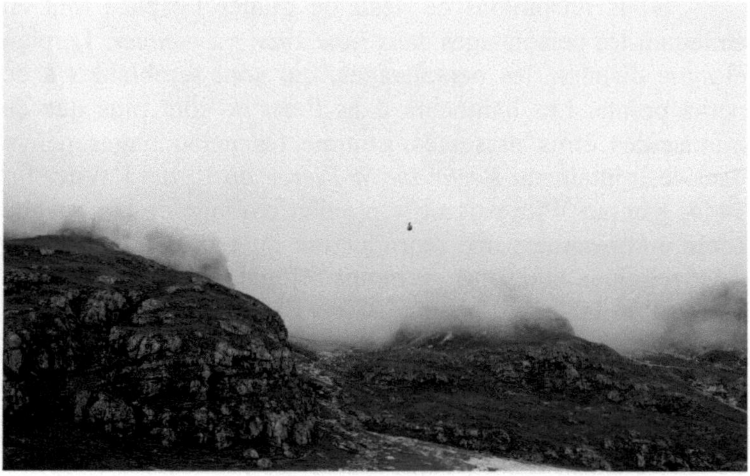

Andreas Gursky, *Seilbahn, Dolomiten*, 1987, C-Print, 304,5 x 207 x 6,2 cm.

Dans les vues que Gursky propose, il reste toujours attaché à montrer des lignes dépouillées, à choisir des cadrages qui simplifient les volumes, réduisant les signes et les détails. Ce traitement est évident dans *Albertville*, où les files de skieurs et de spectateurs n'apparaissent que dans un second temps, après la vision du paysage montagneux immense qui se développe à l'entour. Les personnages sont moins importants que l'idée de cet espace dédié aux jeux sportifs liés à la neige, car ils sont flous et disséminés. Plus ou moins grands ou petits, les skieurs ponctuent la surface blanche de la neige au même titre que les arbres, les pilônes des remontées mécaniques et des téléphériques. Ainsi, dans de nombreux clichés de Gursky, les individus n'ont pas d'identité propre et sont montrés soit en masse, soit en quantités négligeables. On peut dire qu'ils subissent la photographie.

Anonymes, anecdotiques, ils sont écrasés par le cadrage. En un mot, ils sont déshumanisés.

Nous retrouvons ce désir de dilater l'espace tout en émiettant les personnages dans *New Year's Swimmer*. Le plan éloigné disperse les personnages, qui sont semblables à de petits points. Les baigneurs dans l'eau ne sont plus que de minuscules êtres parsemés, comme les personnages peints dans le lointain du *Péché de St Pierre* de Konrad Witz. En 1444, Konrad Witz peignit le premier paysage de la nouvelle école européenne : une reproduction du Lac de Genève. Le sujet religieux était plus ou moins refoulé. On pourrait plutôt parler d'un tableau d'histoire. C'est l'impression visuelle qui détermine la forme chez Witz. Ainsi décrit-il un paysage dans lequel il laisse s'épanouir les objets, les plantes, comme les hommes, les montagnes et les bâtiments. Le paysage s'étend au loin jusqu'au massif du Mont-Blanc dans le fond du tableau. L'on y distingue diverses péripéties : des femmes au lavoir, des chevaliers et des arquebusiers sur la rive opposée. Mais ces formes sont unies dans l'espace et attirent le regard du spectateur en profondeur. Chez Witz, les personnages permettent de dévier le regard du spectateur vers un lieu plus terrestre que celui des scènes religieuses souvent représentées au premier plan. Quant à Gursky, il joue d'une appréhension par masses et d'une appréhension par détails, nous projetant dans un déséquilibre permanent, vouant à l'échec nos tentatives d'appréhension définitive des personnages :

> « Car il est vrai que ce qu'on nomme paysage se développe autour d'un point, en ondes ou en vagues successives, pour se concentrer à nouveau sur cet unique objet, reflet où viennent se prendre tout à la fois la lumière, l'odeur ou la mélancolie. »[101]

---

[101] Anne Cauquelin, *L'invention du paysage*, Paris, PUF, 2000, p. 13-14.

L'émiettement des figures donne ici l'effet d'une perte. De façon générale, cette pratique de réduction de certains éléments de l'image au sein de la photographie contemporaine n'est pas sans rappeler les paysages peints dans les arrières-plans des XVe et XVIe siècles allemands, comme ceux d'Albrecht Dürer. Dans *Portrait de tous les saints*, le paysage qui s'étend en bas de l'image, sous le ciel où tous les saints sont rassemblés autour du Christ, est représenté en plongée. Nous retrouvons souvent ce point de vue dans de nombreuses photographies de Gursky, notamment dans *Singapore I.* Comme dans *Portrait de tous les saints* de Dürer, le paysage est vu d'en haut. On observe des bateaux et des containers. De même, dans *Swimming Pool, Ratingen*, une piscine en plein air est photographiée d'en haut. Tous les détails sont montrés avec la même minutie, que les personnages soient éloignés ou proches. L'espace n'est plus celui des paysages du XVe siècle mais un espace quotidien sans hiérarchie. Aucun point n'est privilégié dans l'image. La dilution ne se fait plus seulement par l'éloignement du sujet mais par ce regard froid qui balaye la surface photographiée. Le choix de la prise de vue, le grand angle et les prises éloignées ôtent également au spectateur la possibilité de rentrer dans l'image. Dans *Salerno I* (1990, Monika Sprüth galerie, Cologne), la prise de vue réalisée en hauteur offre un large panorama sur un paysage industriel et portuaire. On voit des bateaux en arrière-plan et des voitures neuves alignées au premier plan. A l'horizon, des collines rappellent les paysages plus traditionnels de l'histoire de l'art. Il y a chez Gursky à la fois cette dilution des personnages mais aussi du paysage même. Ce double effacement suggère un paysage dénué de caractère, de pittoresque ou de tout intérêt narratif. Un paysage sans identité, en un mot.

Eva Hesse : la mère morte

« *Problems of my past, of my past sickness.*»
Eva Hesse, *Diaries and Notebooks*

Sa mort à l'âge de trente-quatre ans d'une tumeur au cerveau a fait d'elle une figure féminine tragique de l'art. Connue pour ses sculptures en latex et ses structures en fibre de verre ou pour ses jeux de tension entre des formes géométriques et organiques, Eva Hesse a étudié à la Yale School of Art and Architecture aux Etats-Unis. Sérialité, répétition, trame, utilisation de matériaux industriels tendres, souples ou translucides sont les caractéristiques formelles de son travail sculptural. Parfois en interaction avec les objets qu'elle conçoit, Eva Hesse les manipule, s'allonge sous eux et invente de nouveaux modes de présentation pour ses sculptures, qu'elle suspend ou accroche à des fils d'acier, les laissant pendre ou dégouliner. C'est lorsqu'un ami industriel met à sa disposition un hall d'usine à Kettwig, dans la Ruhr, lors d'un voyage en Allemagne, qu'elle expérimente ces matériaux inédits. Née à Hambourg en 1936 dans une famille juive, Eva Hesse a été envoyée avec sa sœur en Hollande pour échapper aux nazis en 1938. Ses parents les ont rejointes et se sont installés à Londres avant de partir pour New York en 1939. A l'âge de neuf ans, Eva Hesse assiste à la séparation de ses parents et voit son père se remarier. Quelques mois plus tard, après un épisode dépressif, sa mère se suicida en se défenestrant. Hesse étudia l'art au Cooper Union à New York et s'installa à Yale en 1957, où elle suivit les cours de Josef Albers. Elle exposa pour la première fois en solo à la galerie Allan Stone en 1963. On pouvait y découvrir ses collages. En 1964, elle passa avec son mari, le sculpteur Tom Doyle, un an dans la ville de Kettwig. C'est là qu'elle composa ses premières œuvres en relief. Il s'agit de sculptures réalisées en plâtre, en papier mâché, en textile ou en ficelle et corde sur des panneaux d'aggloméré rectangulaires.

En travaillant avec le latex ou la fibre de verre, Eva Hesse joue avec la fragilité et la précarité des matières, faisant de ses œuvres des pièces parfois irréparables lorsqu'elles sont dégradées. Des premières pièces des années 60, qui se réfèrent au minimalisme et rejoignent les préoccupations d'artistes américains comme Robert Morris, Carl Andre ou Agnes Martin, aux dernières œuvres, dont le vocabulaire est plus personnel, on remarque cet esprit d'exploration autour de la notion de sculpture. Avant tout, les œuvres sont là pour sonder l'espace et les possibilités d'accrochage. Une pièce intitulée *Contingent* (1969), série de huit formes pendantes en latex et fibre de verre, pourrait aussi bien être nommée peinture que sculpture, selon l'artiste, dont le désir était d'abolir les frontières. Ainsi, nombreuses sont les œuvres qui commencent par une ligne plane qui, progressivement, s'approprie la troisième dimension. Ces lignes forment des ruptures, des jonctions, des césures. L'artiste conçoit également des boîtes, des contenus hybrides ou des formes corporelles. Dans l'étonnante série des « machine drawings », exécutée dans le milieu des années soixante, les formes se croisent, devenant parfois tubulaires ou évoquent des organes respiratoires. Quant à la série *Metronomic Irregularity* (1966), celle-ci poursuit le questionnement sur la capacité de liaison à partir de cordes en latex.

Certains ont vu dans les motifs sculpturaux travaillés par Eva Hesse une transcription des moments de sa vie, comme la rupture de son mariage. D'autres pensent au leitmotiv de la fenêtre comme une référence au suicide par défenestration de sa mère. Enfin, certains voient le relief de *Ringaround Arosie* comme une évocation de la grossesse de son amie Rosie Goldman en 1965. Au-delà des références à la vie de l'artiste, les œuvres surprennent par leur matérialité : « Tout se passe comme si l'attention accordée à ce passage du matériau brut au matériau traité portait l'artiste vers un espace sculptural fondamentalement archaïque. »[102]

Examinons de plus près les œuvres peintes entre 1960 et 1961. Il s'agit de toiles de format carré représentant des figures humaines. On y devine l'influence des peintures d'Arshile Gorky et de Wilhelm de Kooning. On retrouve le même choix de couleurs spontanées et la gestuelle expressive aux coulures affirmées. Ces quasi-autoportraits trahissent un malaise, laissent deviner une fissure intérieure. Décalées sur les bords du cadre, les visages semblent basculer. Les couleurs choisies sont étrangement sombres : du vert kaki, des gris sourds, divers violets et mauves... Un visage est scindé par deux teintes traditionnelles du deuil : du mauve et du lie-de-vin, comme si le moi était divisé. Dans *Untitled*, une tête apparaît en gros plan. Une coupure à hauteur du nez tranche le moi en deux parties. Les yeux sont jaunes ; l'un est ouvert, l'autre presque fermé. *Untitled* montre le haut du visage d'Eva Hesse. Les yeux sont jaunes et une excroissance sort de sa tempe.

Intéressons-nous à cette tache inquiétante qui déborde sur la tempe du visage d'*Untitled* (1960) et qui revient dans de nombreuses œuvres sur papier. Parfois, on aperçoit une sorte de carré enchâssé dans la tête. La tache est également visible dans *Self-Portrait.* Cette petite boule semble s'extraire de la tête et devient rosâtre. Est-elle une prémonition de la tumeur dont devra mourir Hesse quelques années plus tard ? Par ailleurs, une forme grise, plutôt claire, s'échappe du corps d'Eva Hesse, coulant sur elle comme un fantôme. Cette figure évanescente manifeste-t-elle une perte anticipée ? Que penser de cette forme anthropomorphe qui s'écoule du corps d'Eva Hesse ? Serait-elle un double narcissique ? Ou bien s'agit-il du fantôme de la mère morte, qui s'est suicidée en 1946, alors qu'Eva Hesse était âgée de 10 ans ?

---

102 Rosalind Krauss, *Passages*, Paris, Macula, 1997, p. 282.

La mère joue le rôle de double dans l'imaginaire de l'enfant. En la perdant, l'enfant perd une part de lui-même, si un travail de séparation n'a pas eu lieu auparavant : « la mère, objet initial et premier double, sera tout un temps la principale garante du narcissisme de son enfant. »[103] Ce double manifesté dans les séries d'autoportraits traduit la tentative de l'artiste de se détacher d'une mère mortifère, dont le souvenir envahissant peut s'apparenter à un deuil non résolu. Ce double ambivalent est à la fois une figure de fusion et de séparation. Celui-ci apparaît comme une image intermédiaire entre lui et l'absent. Tout se passe comme si l'artiste voulait « s'arracher en tant que double à la sphère maternelle. »[104] A moins que l'artiste n'ait simplement traduit dans sa peinture un sentiment du moi-corporel ? Dans tous les cas, chez Eva Hesse, le sentiment du moi semble bien apparenté à une blessure narcissique.

Explorons ce thème de la blessure. Eva Hesse n'a de cesse de l'exprimer dans de nombreux dessins sous la forme de grilles, de taches ou de cercles obsessionnels. L'on peut se demander si l'artiste ne représente pas de manière inconsciente la tumeur tapie à l'intérieur de son crâne. De plus, le noir, qui est la couleur du deuil, est récurrent dans ses œuvres sur papier. Dans *Untitled*, une boule noire est contenue derrière un fin réseau de grilles. Dans des œuvres tridimensionnelles, quelque chose semble enserré dans des filaments, qui évoquent les nervures du cerveau. La blessure est donc cachée mais active. La tumeur concentre en elle toutes les blessures traumatiques et creuse dans le moi, comme dans la peinture, une hémorragie interne, un « trou dans le psychique. »[105] Quoiqu'il en soit, la tumeur est une

---

[103] Catherine Couvreur, « Les motifs du double » in *Le Double*, Monographie de la Revue française de psychanalyse, PUF, 1995, p. 24.

[104] Ibid.

[105] Sigmund Freud cité par Julia Kristeva, *Pouvoirs de l'horreur*, Paris, Seuil, 1980, p. 66.

blessure faite en-dedans. Celle-ci accomplit son œuvre à l'intérieur du crâne, comme le décrit l'écrivain hongrois Frigyès Karinthy, dans son récit intitulé *Voyage autour de mon crâne.* Il y relate ses réactions face à la découverte de sa tumeur au cerveau :

> « Aussi bien dans les ténèbres de mon crâne que dans la demi-osbcurité du hall du sanatorium, le destin était à l'œuvre, lentement et inexorablement (...) derrière la paroi de mon crâne, un travail s'accomplissait. »[106]

Logée dans la peinture, la blessure semble enkystée dans le moi. La tumeur est un symptôme qui fait resurgir sous une forme dramatique tout ce que l'artiste a refoulé. Son invisibilité ajoute à sa fascination. Dans une photographie de l'artiste prise par Bill Barrette, l'on peut voir Eva Hesse allongée sur un divan et parodiant la posture psychanalytique. L'artiste a-t-elle confié ces paroles qu'elle livre dans son journal : « I am almost too anxious for every moment ... »[107] Si elle révèle son anxiété chronique, l'artiste réalise une curieuse parodie, tout en recouvrant son corps de fils. Cet enveloppement n'est pas sans rappeler la performance de Joseph Beuys (*I like America and America likes me*), dans laquelle il enveloppait son corps dans une couverture et devenait invisible avant d'être transporté à New York dans une salle où il rencontrait un coyote. L'acte artistique permettrait ainsi de mettre en scène une part de soi fragile ou malade, comme en témoignent les écrits d'Eva Hesse :

> « Dec.9 : It's been a long time. April 6th. Today is December 9th. A long haul. Today is 3rd day I feel a little better, a little stronger, a little more hopeful, a little less sickness. How grateful I am.

---

106 Frigyès Karinthy, *Voyage autour de mon crâne*, Paris, Viviane Hamy, 1995, p. 107.

107 Eva Hesse in *Retrospective*, London, Yale University Press, 1994, p. 23.

I really can be pleased, made happy and can be so grateful. I can do the other too. Go down so easy, become soulful… sad, lonely, depressed. But I'm up, sitting up… Playful… I am because it does mean much to me to be up – I have much to do. »[108]

Observons l'aspect corporel des œuvres d'Eva Hesse. Dans une œuvre tridimensionnelle intitulée *Accession II* (1969), on découvre des tubes de plastique, qui envahissent la surface intérieure d'un cube d'acier. La surface de cette œuvre minimaliste semble repliée sur elle-même. On pourrait penser ici à des connexions de cellules nerveuses ou à des cheveux fixés sur un crâne, vus de l'intérieur. De telles formes corporelles sont récurrentes, notamment dans *Contingent*, où de longues bandes de fibre de verre, de latex et de résine de polyester pendent les unes parallèles aux autres, pareilles à des cellules ou à des fibres capillaires. Ces bandes translucides paraissent immatérielles et disparaissent lorsqu'elles sont vues de profil. Devant cette œuvre, Rosalind Krauss estime que les panneaux s'éclipsent les uns les autres, révélant la face du manque :

> « the real possibility of eclipsing one another, and within which one experiences the pity and the terror of that eclipse. »[109]

Quant à une œuvre comme *Right After*, faite de résine et de fibre de verre, celle-ci est suspendue dans le vide. Les filaments de résine évoquent une fragile toile d'araignée suspendue dans l'air. L'aspect précaire de cette œuvre sculpturale évoque la fragilité des liens.

D'apparence minimaliste et purement formelle, l'œuvre intitulée *Inside I and Inside II* présente des boîtes, de simples contenants. Or ces boîtes vides montrent leur face interne. Un

---

108 Op. cit., p. 47.

109 Rosalind Krauss, *Bachelors*, Massachussets, MIT Press, 1999, p. 100.

objet y aurait-il été contenu ? Celui-ci aurait-il disparu ? Dans son *Petit traité d'art contemporain,* Anne Cauquelin rappelle la problématique liée à l'exposition d'une boîte : « Vide, elle pose la seule enveloppe comme lieu sans corps, attente de ce qui viendrait la remplir en vain, ou étape terminale d'un processus bouclé. »[110] Les boîtes fabriquées par Hesse sembleraient attendre un objet, qui aurait été initialement perdu. Sol Le Witt avait été plus radical en enterrant un cube dans *Buried Cube Containing an Object of Importance But Little Value* (1968). Il avait fait de l'enterrement un acte artistique, figurant le rituel funéraire d'ensevelissement et mimant la disparition radicale d'un objet investi artistiquement. De son côté, Eva Hesse nous déconcerte. Son travail vise avant tout à explorer diverses possibilités, à soulever des questions : présente-t-elle son lien initial à la mère ? Montre-t-elle l'intérieur d'un corps ? Evoque-t-elle le contenu d'une tombe vide ? Les boîtes conservent leur part de mystère...

Revenons sur les motifs présents dans divers dessins. De la boîte au tumulus, l'artiste pose les jalons d'une épreuve de deuil. Ce motif mystérieux évolue et se précise. Il ne s'agit plus d'un cercueil mais d'une forme ronde et massive, souvent noire. Dans *Untitled,* cette excroissance évoque un sein, d'où un cordon s'échappe. Signe qui va se préciser au décours d'une série de travaux. Ce motif prendra une fonction ambivalente, tantôt apaisante ou menaçante. Dans une série de travaux sur papier (*Untitled*, 1960, *Untitled,* 1960-1961 et *Untitled*, 1961), Eva Hesse joue d'une alternance de pleins et de vides, de noirs et de blancs. Si pour Kandinsky, le blanc représente « un monde où toutes les couleurs, en tant que propriétés de substances matérielles, se sont évanouies »[111], le choix des couleurs permet à Eva Hesse de révéler un

---

110 Anne Cauquelin, *Petit traité d'art contemporain,* Paris, Seuil, 1996, p. 152.

111 Wassily Kandinsky, *Du spirituel dans l'art et dans la peinture en particulier*, Paris, Denoël, 1969, p. 128.

sentiment d'absence au monde. Au cœur de cette « folie blanche », où les autres couleurs ne sont plus perçues, Eva Hesse exprime un désarroi, semblable à celui décrit par Kandinsky :

> « Il en tombe un silence qui court à l'infini comme une froide muraille, infranchissable, inébranlable. Le blanc, sur notre âme, agit comme le silence absolu. »[112]

Quant au noir, Kandinsky le compare à un cadavre que plus rien ne touche :

> « Le noir est comme un bûcher éteint, consumé, qui a cessé de brûler, immobile et insensible comme un cadavre sur qui tout glisse et que rien ne touche plus. Il est comme le silence dans lequel entre le corps après la mort quand la vie s'est usée jusqu'au bout. »[113]

Du blanc au noir, d'un silence à l'autre, Eva Hesse oscille entre un monde d'absence et un monde de perte. Si le noir est bien le signe « du deuil, de l'affliction profonde, le symbole de la mort »[114], le gris qui résulte parfois de la rencontre des encres et des lavis, notamment dans *Untitled* (1960-1961) est bien un signe de désespoir et de dépression incommensurable. L'espace s'y fait étouffant :

> « Le gris est l'immobilité sans espoir. Il semble que le désespoir, à mesure que la couleur s'assombrit, l'emporte. L'étouffement devient plus menaçant. »[115]

Tout se passe comme si Eva Hesse nourrissait sa création à partir de son objet perdu. Cette fonction nourricière

---

112 Ibid.

113 Op. cit., p. 129.

114 Op. cit., p. 130.

115 Ibid.

est pourtant le signe d'un endeuillement profond du moi. Le travail sculptural permet-il d'accéder à la première expérience douloureuse de séparation ? Dans *Ringaround Arosie*, le cercle s'apparente visiblement au sein perdu. Un sein qui, dans les travaux d'Eva Hesse, serait conçu comme « objet total », tel que Freud l'a défini dans *Deuil et mélancolie* :

> « Le sein est un objet partiel, mais comme il n'y en a, à l'époque, aucun autre, il fait office d'objet total, englobant l'ensemble de la mère. »[116]

C'est la première expérience de coupure de la fusion mère-enfant qui est retracée ici comme une première expérience de deuil. On comprend mieux, sous cet éclairage, les fils reliant deux plaques de bois sombres dans *Metronimic Irregularity I* (1966, San Francisco Museum of Art). Ils sont l'expression d'un travail de séparation très intense. Ces liens permettent non seulement de relier entre elles les plaques, mais de les faire communiquer, évoquant en cela les échanges entre la mère et l'enfant faits par le cordon ombilical :

> « Les images de Hesse sont toutefois, comme celles de Bourgeois, issues des profondeurs ; beaucoup ont des résonances sexuelles, substances molles et pendantes qui rappellent des vagins, des seins, des mamelons, où se balancent parfois des ficelles évoquant un écoulement de lait ou des cordeaux ombilicaux. »[117]

De la boîte au cercueil, du cordon ombilical au sein, ce motif s'est transformé, permettant à Eva Hesse d'élaborer la perte. Toutefois, il est surprenant qu'une artiste s'attaque à la mise en scène de cette perte primordiale qu'est la perte de la mère. Le désastre de son absence, l'irrémédiable nostalgie : « une mère meurt, un enfant se trouve « abandonné » : c'est

---

116 André Green, op. cit., p. 125.

117 François Straschlitz, « Le triomphe de l'art américain », Tome 2, *Les années soixante*, Paris, éditions Carré, 1990, p. 323.

toute la question de l'objet, de la relation d'objet et du devenir du moi qui est alors posée. »[118] Car Eva Hesse semble bien prise dans une phase mélancolique du deuil. Comme le notait justement Freud dans *Deuil et mélancolie* : « l'analogie avec le deuil nous amenait à conclure que le mélancolique avait subi une perte concernant l'objet ; ce qui ressort de ses dires c'est une perte concernant son moi. »[119] L'image de la tumeur semble bien reprendre cette fusion mortifère : un objet mauvais menace le moi de l'intérieur, comme cet objet de deuil, qui attaque finalement le moi : « de cette façon, la perte de l'objet s'était transformée en une perte du moi. »[120]

---

118 Marie-Françoise Guittard-Maury, « Petit arrangement avec la mort : advenir de l'objet », *Revue Française de Psychanalyse*, Paris, PUF, 1997, p. 509.

119 Sigmund Freud, op. cit., p. 152.

120 Ibid.

Candida Höfer : archives

Qu'il s'agisse des rayons ordonnés d'une bibliothèque ou des rangées de sièges d'une salle de théâtre ou encore des compartiments d'une salle d'archive, les photographies rigoureuses et soigneusement cadrées de Candida Höfer rendent compte de lieux où s'exerce une activité humaine. C'est avec une lumière nette et soignée que cette artiste, née en 1944 à Eberswalde, présente des espaces intérieurs sans présence humaine. Après avoir étudié l'art de 1973 à 1976 à l'Académie des beaux-arts de Düsseldorf, Candida Höfer suit les cours de photographie de Bernd et Hilla Becher de 1976 à 1982. C'est donc auprès d'eux qu'elle apprend la lente prise de vue, qui privilégie la neutralité et banie toute présence humaine des images. Comme Andreas Gursky, Axel Hütte ou Thomas Ruff, Candida Höfer fait partie de l'Ecole de Düsseldorf. Elle a également mené une activité d'enseignement à la Hochschule für Gestaltung de Karlsruhe de 1997 à 2000. C'est avec un souci du détail, l'absence d'ombre et avec des points de vue qui soulignent l'architecture, que l'artiste transcrit notre environnement social et culturel. Tous les objets ainsi que les meubles, souvent rares, traduisent un univers où règne le fonctionnel comme dans *The Metropolitan Opera New York VIII* (2005), une photographie axée sur les courbes élancées de l'escalier du hall d'opéra. Si les photographies présentent souvent des intérieurs avec un point de vue frontal ou des compositions symétriques, c'est afin de souligner les structures architecturales comme dans *Schloss St. Emmeram Regensburg VIII* (2003), où le plafond historié souligne la richesse décorative du château. Dans *Paris Serie*, Candida Höfer, qui vit et travaille à Cologne, a réalisé des prises de vue de lieux chargés d'histoire, comme la bibliothèque de la Sorbonne, le théâtre de Marie Antoinette à Versailles, la salle de Chasse à Fontainebleau, la salle Pleyel ... C'est l'idée de typologie qui domine la démarche de l'artiste comme dans la série

Zoologische Gärten (1993), où l'artiste inventorie les cages d'animaux, les espaces où sont enfermées les girafes et les faux décors en trompe l'œil de certaines fosses aux lions dans divers zoos européens.

Il n'est pas anodin que Höfer s'attache à montrer des lieux culturels ou historiques, le plus souvent en Europe, comme des salles vides de musées, des salons de théâtres, des pièces d'universités, des couloirs de bibliothèques ou des recoins d'archives. Intitulée *Architecture of Absence* (2004), une série de photographies d'espaces intérieurs vides apprend à observer les architectures des lieux publics et vise à aiguiser notre regard sur notre patrimoine culturel. Pourquoi dépeupler ces lieux visités de toute vie ? Cette absence cruciale de figures humaines souligne le regard quasi clinique porté sur les lieux. Lorsque Thomas Struth réalise les *Museum Photographs*, s'intéressant lui-aussi au monde des musées, il effectue une véritable mise en abyme, car il photographie des visiteurs en train de contempler des peintures exposées dans les plus grands musées du monde. Il fait également un clin d'œil à l'histoire de l'art en montrant des œuvres d'art. On découvre les visiteurs en train d'admirer des tableaux ou d'autres cheminant parmi des sculptures. Cette série met l'accent sur le rôle du spectateur dans des lieux culturels très fréquentés, focalisant sur l'accès au patrimoine culturel. Tandis que Candida Höfer, de son côté, privilégie une vision différente de l'espace, insistant sur le silence et le vide parfois troublants, presque sacrés, de ces lieux investis par la culture, l'Histoire ou le savoir. Nulle présence humaine physique n'est visible dans ces lieux pourtant destinés à accueillir le public.

A l'intérieur sombre et chargé, presque byzantin de la *Villa Stuck München I* (2005, galerie Johnen Schoettle, Cologne) s'oppose celui épuré, très blanc, presque néo-classique de *Neues Museum Weimar II* (2006, galerie Johnen Schoettle). En détaillant certaines œuvres, on remarque la grande taille des formats et la préciosité des détails, notamment dans *Strahovska knihovna Praha II* (2004), où les fauteuils sont recouverts de tissu vert et où les bibliothèques de cette grande salle baroque sont dorées et brillent intensément. La richesse se déploie également dans l'éclairage naturel souligné par des rayons de soleil qui s'étirent sur le sol, suggérant la présence de hautes fenêtres en hors-champ. Ici, le gigantisme du format constraste avec la notion de vide. Aucune personne n'est assise sur les nombreux sièges alignés. De même, une photographie comme *Deutsche Bücherei Leipzig IX* (1997) montre des alignements de bureaux comportant des veilleuses allumées. Au fond de l'image, des rangées d'ouvrages attendent d'être consultés. L'impression de vide domine encore. Même chose dans *Palais Garnier* (2004), où la composition symétrique débouche sur une longue perspective. Les motifs de la marqueterie du parquet au premier plan plongent le spectateur vers une enfilade de colonnes et de lustres qui se répètent à l'infini, dans une galerie richement décorée de plafonds peints et de dorures. On retrouve des sièges alignés et aucune personne n'arpente ce salon faisant partie de l'opéra Garnier à Paris. Autre impression plus solennelle dans *Bayerishe Staatsoper in München III* (2005), où la composition rigoureuse débouche sur un espace clos, rempli de colonnes. Les murs gris et mats mettent le spectateur face à une sorte de caisson, comme si l'espace avait été capturé dans l'image. L'on se retrouve seul dans ce lieu d'ordinaire visité par de nombreuses personnes. Ici, l'opéra de Munich ressemble à une boîte vide. Si certaines photographies provoquent une immersion dans des lieux sans fin, aux perspectives impressionnantes, d'autres donnent, au contraire, la sensation de se trouver seul dans un lieu que l'on ne peut visiter individuellement. Ainsi *Collegium Helveticum ETH Zurich* (2005) intensifie l'idée de solitude en cadrant une table et une chaise solitaires au centre de l'image. Les murs froids d'un vert mat sont ponctués par des lustres ovoïdes blancs tandis que des boiseries s'harmonisent avec le parquet et un cadre de fenêtre latérale. Cette pièce universitaire est cadrée de la même manière que les espaces propres aux peintures hollandaises du XVIIe siècle, dans lesquelles les éclairages donnaient une impression d'immobilité.

Observons encore d'autres photographies de Candida Höfer. On y voit des intérieurs de sanatoriums présentés en grand format. Les chaises-longues sont alignées dans *Kurmittelhaus Wenningstedt I* et les lits du *Kuranlage Spa* (1989) sont vides. Devant ces vues de sanatoriums, on peut se souvenir des descriptions du sanatorium de Davos faites par Thomas Mann dans son roman intitulé *La Montagne magique* ; ceux-ci étaient destinés à accueillir les tuberculeux, les « malades du temps. »[121] Le héros, Hans Castorp, rendant visite à son cousin malade, était fasciné par les chaises-longues évoquant la maladie et permettant d'espérer une guérison. Chez Candida Höfer, les sanatoriums vides évoquent surtout un temps suspendu.

Quant à cette étonnante attention portée à l'archivage et au recensement de lieux et d'espaces, elle est commune à de nombreux artistes allemands. Ainsi, Thomas Demand a reconstitué une salle d'archive en carton qu'il a photographiée dans *Archiv*. Parfois, certaines installations de Joseph Beuys reprennent les codes de l'archivage, notamment sous la forme d'étagères métalliques ou de vitrines. De son côté, Candida Höfer porte son attention sur la dimension spatiale des lieux. C'est avec distanciation et une technique d'une grande précision, obtenue au moyen d'une chambre photographique et de la lumière naturelle du lieu, que Höfer présente les *Sächsisches Staatsarchiv Dresden I*. On y voit les archives d'une ville qui fut quasiment détruite pendant la Seconde

---

[121] Eric Faye, *Le sanatorium des malades du temps, Temps, attente et fiction autour de Julien Gracq, Dino Buzzati, Thomas Mann, Kôbô Abé*, Paris, José Corti, 1996.

guerre mondiale. Ces bibliothèques vides sont les témoins d'une histoire. L'exposition d'archives vides ou pleines, chargées de mémoire, questionne néanmoins la place du passé dans la création allemande de nos jours.

Rebecca Horn : machines d'angoisse

Après avoir effectué de nombreuses performances (*Toucher les murs des deux mains en même temps*, 1974-1975) et conçu des objets en relation au corps (*Masque-crayons*, 1972), Rebecca Horn construit des machines animées. Dès 1968, elle participe à des manifestations d'art corporel. Ses installations mêlent allusions littéraires (à James Joyce, Samuel Beckett ou Oscar Wilde) ou historiques à des références sexuelles, métaphysiques ou autobiographiques. Souvent suspendus à des chaînes, parfois accrochés à des tiges métalliques, les objets qu'élabore Rebecca Horn obéissent à des *scenarii* privés où interviennent des oiseaux, de l'eau, de l'encre mais aussi des armes ou des instruments de musique. Transformés en automates, parfois en sculptures-vivantes, les objets sont également producteurs de sons. Ainsi dans *River of the Moon : Room of Lovers* (1992), on découvre des violons suspendus aux murs. Munis de moteurs, les archets émettent des sons, des vibrations. Le titre évoque une chambre propice à la romance tandis que le son produit par les violons animés surprend le spectateur et semble convier à une danse.

Quant aux installations, elles évoquent des corps absents ou des animaux, comme dans *Bee's Planetary Map* (1998), où des paniers et des miroirs brisés ressemblent à des ruches suspendues au plafond et éclairées par des ampoules électriques. Le son, comme souvent dans les installations de Rebecca Horn, joue un rôle important. Ici, il suggère un essaim d'abeilles. Un caillou attaché au plafond tombe toutes les cinq minutes sur un miroir brisé, créant une rupture soudaine. Ces chutes, ces martèlements répétitifs, ces bourdonnements et ces vrombissements sont propres aux installations de l'artiste, suggérant la destruction ou le danger. Ainsi, les œuvres de Rebecca Horn dégagent-elles une tension dramatique. Parfois théâtrales, elles sont proches de la dislocation et évoquent un point de rupture.

Rebecca Horn, qui est née en 1944 à Michelstadt, a effectué des études à la Hochschule für Bildende Künste de Hamburg en 1963. Elle a tout d'abord interrogé le corporel au moyen de performances au cours des années soixante-dix. Dans *Weißer Körperfächer* (1972), l'artiste a revêtu des morceaux de tissus arrondis, semblables à des ailes, se déguisant à la manière de Loïe Füller. Elle effectue une curieuse chorégraphie en ajoutant des prothèses à son corps. Dans une autre performance, elle enfile des gants sur ses doigts. Ceux-ci sont munis de longues tiges semblables à des baguettes. Revendique-t-elle un besoin de protection ou assimile-t-elle son corps à celui d'un insecte, d'un animal étrange ? La prothèse permet des gestes nouveaux et une appréhension différente du corps. Elle permet à l'artiste de questionner son image tout en associant corps et objets signifiants. C'est ainsi un masque fait de crayons, qui protège ou dissimule le visage de l'artiste dans *Pencil Mask* (1972). Celui-ci est composé d'une sorte de grille autour des yeux et des joues. On pourrait imaginer qu'au lieu de parler, la personne au masque pourrait alors dessiner ou écrire à partir de ces nouveaux appendices.

Avant d'étudier l'art, Rebecca Horn a suivi des cours d'économie et de philosophie. Ses œuvres se nourrissent de diverses influences. Elle s'intéressa également à différents matériaux. Lors de ses études, elle fut gravement intoxiquée à cause de la manipulation de matériaux industriels comme le polyuréthane et la fibre de verre. À l'époque, les étudiants n'étaient pas mis en garde contre les dangers de tels matériaux. Elle combinera ensuite minimalisme et art cinétique afin de construire une œuvre conceptuelle auto-référencée. Fortement influencée par de longs séjours en hôpitaux ou sanatoriums à la suite d'une tuberculose contractée après avoir manipulé ces produits toxiques, l'artiste présente un étrange masque respiratoire dans *Ornucopia, Seance for two Breasts* (1970). Sanglée au visage, une trompe de tissu relie la bouche aux poumons. Proche du surréalisme, cette œuvre impliquant une performance de l'artiste permet d'explorer un corps utopique.

De même que le son, le mouvement est une composante importante du travail de Rebecca Horn. Dans *Large Feather Wheel* (1997), une paire d'ailes réalisées à partir de plumes fixées sur des tiges métalliques est animée par un moteur. Les ailes se déploient dans l'espace d'exposition, surprenant le spectateur étonné par l'impression de mouvement mais aussi par l'illusion de vie que cela peut connoter. Ici, l'artiste montre son intérêt pour l'art cinétique. Ses créations rappellent celles de Jean Tinguely, animées de mouvements bizarres, révélant leurs mécanismes complexes et bricolés. Chez Rebecca Horn, les vieilles machines à écrire s'animent, les instruments chirurgicaux ou les plumes se meuvent dans d'étranges chorégraphies. Ainsi *Blue Monday Strip* (1993) présente d'antiques machines à écrire animées par des moteurs. Suspendues à des fils contre un mur, elles laissent s'échapper de l'encre, qui s'écoule en une tache éparse sur le sol. Tout se passe comme si les êtres humains avaient été remplacés par des machines et des instruments animés. Les mouvements irréguliers et répétitifs font penser à des danses obsédantes et presque menaçantes. Dans *Le Chant du Grillon*, un peigne à double rangées de dents forme une étonnante tête animée par un subtil mécanisme. La stridulation produite par le frottement des élytres donne au spectateur l'impression d'être en face d'un insecte.

Observons les matériaux employés par l'artiste : plumes, œufs d'autruche, bandages, tissus, mercure, ampoules électriques, cannes, machines à écrire et moteurs... ; ceux-ci sont souvent associés à l'idée de mouvement et à un environnement sonore. Les objets semblent investis d'une signification complexe. Ils sont avant tout marqués par la souffrance, la destruction ou le danger. Ils se rattachent à la fois à la biographie de Rebecca Horn mais possèdent également un sens caché, plus sexuel, rappelant la symbolique des objets phalliques chez Freud. Comme dans les œuvres de Louise Bourgeois, où le violon évoque le corps du père, chez Horn, les violons, les valises, les batons, les pianos, les plumes d'oiseaux, les métronomes, les marteaux métalliques et les machines à écrire évoquent les relations sexuelles. Les bruits mécaniques sont également des transpositions métaphoriques traduisant l'idée d'échange.

C'est en explorant de nombreux médias (vidéo, sculpture, photographie, dessin et installation) que Rebecca Horn a créé une œuvre complexe, tissant un réseau infini de métaphores et de références. Ses œuvres, à l'esprit surréaliste, questionnent l'humain et la machine. Certains films réalisés par l'artiste montrent des performances comme les *Berlin Excercises* (1975, 42 minutes) où l'on peut voir huit performances. Dans *Buster's bedroom* (1990), l'artiste est partie sur la piste de Buster Keaton, ce grand acteur du cinéma muet. Dans les années quatre-vingt et quatre-vingt-dix, les installations prennent de l'envergure. L'arrière-plan politique ou historique revêt plus d'importance comme dans *Concert in Reverse* (1997) réalisé à Münster, où l'artiste, qui vit et travaille à Berlin, rappelle comment l'endroit fut un lieu d'exécution pendant le Troisième Reich. Quant à *Tower of the Nameless* (1994), cette œuvre exposée à Vienne relatait la guerre des Balkans. Enfin à Weimar, le *Concert for Buchenwald* comportant des murs de cendre évoquait des archives pétrifiées.

En travaillant sur la représentation de ses propres angoisses, comme la claustrophobie, la peur de l'avion ou la répugnance à porter des gants, Rebecca Horn construit des machines inquiétantes mais libératrices. Apparentées au body art, ses œuvres-performances sont réalisées sans public, comme pour un rite privé d'initiation, dont les codes restent obscurs et le perfectionnisme intense. Des objets reviennent régulièrement, comme les plumes, les tuyaux ou les entonnoirs, dans lesquels s'écoulent des liquides colorés. Ces fluides renvoient au domaine du corporel. Quant aux objets quotidiens, qu'il s'agisse de ciseaux, de valises, d'œufs, de cannes d'aveugle, d'armes à feu, de violons ou de pinceaux, ils composent un répertoire personnel et se réfèrent à la biographie de l'artiste tout en rappelant l'histoire de l'art.

Comment ne pas songer aux œufs utilisés par l'artiste conceptuel belge Marcel Broodthaers ou aux valises mises en scène par le surréaliste René Magritte dans ses toiles. D'autres artistes, comme Arman, ont travaillé avec des violons, allant même jusqu'à les détruire. Derrière ces objets usuels, qui sont parfois animés, se cachent des significations variées. Nombreux sont ceux qui peuvent paraître menaçants, comme les ciseaux, les couteaux, les armes, les marteaux... Ils évoquent une violence contenue. Parfois phalliques, ces objets deviennent acteurs d'une saynète, dialoguant avec d'autres objets, comme autant d'acteurs miniatures d'une pièce de théâtre surréaliste. Toutefois, au-delà de l'histoire personnelle de l'artiste, leur symbolique archaïque réveille notre mémoire collective.

Anselm Kiefer : le deuil bloqué

« J'avais le sentiment que ma mémoire était bloquée.»[122]
Anselm Kiefer

Né en 1945 à Donaueschingen, Anselm Kiefer produit une peinture qui trouve son inspiration dans les mythes de la germanité. L'artiste a grandi dans le climat de reconstruction de l'Allemagne. Ses toiles sont généralement saturées de matières diverses comme le sable, la terre, le plomb, la craie, les cheveux, la cendre... Convaincu de la nécessité de revisiter l'identité allemande d'après-guerre, Kiefer peint des paysages froids, afin de souligner un sentiment de dévastation. Le spectateur est étonné des couleurs sombres choisies par l'artiste, de même que par les formats monumentaux. Quant aux empâtements épais, ils donnent une impression de lourdeur : « Les toiles de Kiefer placent au bout du compte le spectateur dans une situation équivoque de fascination et de nausée. Ce qui est ridiculisé ou dénoncé se découvre en même temps magnifié. Ambivalence savamment cultivée. »[123] Après avoir étudié à l'Ecole des beaux-arts de Karlsruhe, puis à la Kunstakademie de Düsseldorf où il devient l'élève de Joseph Beuys, Anselm Kiefer explore le thème de l'identité allemande avec un style qualifié de néo-expressioniste. S'il a travaillé à Buchen dans les années 1980, il s'installe à Barjac, dans le Gard, où il transforme une friche industrielle en atelier. Influencé par la nature environnante, l'artiste développe ensuite de nouveaux thèmes moins chargés d'histoire.

---

122 Anselm Kiefer interviewé par Bernard Comment, in *Artpress*, « Cette obscure clarté qui tombe des étoiles », septembre 1996, p. 22.

123 Paul Ardenne, op. cit., p. 143.

Froides batailles

Focalisant sur le passé de son pays, Anselm Kiefer peint des paysages imprégnés de mémoire, comme la *Bataille d'Hermann* (1977, Ströher, Darmstadt) qui a permi à Arminius (Hermann) de se rebeller contre Varus, empereur romain, dans la forêt de Teutoburg. Cette victoire obligea les Romains à reporter leur frontière sur le Rhin. Ici, le titre est inscrit sur un tronc d'arbre, ainsi que d'autres noms de personnages allemands célèbres qui s'impriment sur le paysage, perturbant la lisibilité. Ce qui focalise ici l'attention, c'est l'atmosphère froide et triste de ce paysage hivernal. Autre référence à une bataille dans une toile intitulée *Varus* (1976, Stedelijk Van Abbe Museum, Eindhoven). On y voit un paysage enneigé, lieu mythique d'un moment fondateur de l'histoire du peuple allemand. Les noms des héros de l'Histoire sont écrits à la peinture blanche à même le paysage. Là encore, ils ne sont pas représentés mais simplement nommés. Une perspective plonge vers une forêt sans fin qui disparaît dans la neige. Quelques taches rouges évoquent des blessures, du sang répandu. Où sont les blessés ? Que deviennent les héros ? Le spectateur sera étonné par la répétition des troncs bruns et noirs, aux traits lourds, pâteux, qui évoquent un espace étouffant. C'est dans ce matériel historique qu'Anselm Kiefer alimente sa réflexion picturale. De 1969 à 1989, Kiefer s'intéresse à la Tombe d'Alaric (*La Tombe d'Alaric*, 1975, Neue Galerie, Collection Ludwig, Aix-la-Chapelle). L'artiste semble fasciné par l'histoire de ce héros mort, que des soldats décidèrent d'ensevelir dans le lit d'une rivière afin de préserver sa dépouille de la fureur des Romains. C'est qu'elle représente un moment fort de l'histoire de la construction de l'identité allemande. Dans sa toile, une avalanche de hachures s'abat sur le paysage, formant non pas des contours mais des tourbillons de traits disséminés. Le ciel tourmenté de ce paysage rayé par la pluie permet d'associer l'idée de froid à celle de la mort.

Paysages d'hiver

Plus ironique, cette aquarelle intitulée *Glace et sang* (1971, Klaus Gallwitz, Francfort) se réfère aux paysages romantiques peints par Caspar David Friedrich, notamment à ses vues hivernales parsemées d'arbres décharnés. Kiefer déroute le spectateur en y plaçant un personnage qui parodie le salut hitlérien. Dénonce-t-il l'exploitation faite par les nazis de leur culture et notamment des peintres romantiques allemands ? Des coulures évoquent une blessure, comme si du sang se répandait sur la neige. Mais qui est blessé ici ? La terre allemande ? Face à une telle aquarelle, le spectateur ressent la tonalité mélancolique. Observons une autre aquarelle de la même période intitulée *Paysage d'hiver* (1970, collection particulière). On y voit un visage blessé qui se superpose à un champ enneigé. Qui est cette figure qui souffre ? Sur la neige, des gouttes de sang reprennent encore l'idée de blessure. Kiefer continue de mêler l'histoire tragique, le romantisme et les blessures des guerres. Au spectateur de démêler ces fils brouillés qui s'entrecroisent. Plus intense et chargée de matière, la série des *Opérations* développe, quant à elle, un froid plus mortifère. Sombres, brunes, gelées, ces toiles montrent des champs enneigés. Le spectateur découvre une palette qui est dessinée par-dessus l'image, se superposant au motif du paysage. L'acte de peindre se double alors d'un message, comme un acte de foi. Dans cette série, Anselm Kiefer exprime sa fascination pour des tentatives d'invasion. Ces toiles de grand format figurent des batailles (Opérations), en référence à la tentative allemande d'invasion de l'Angleterre durant l'été 1940. Ce moment historique devient ici prétexte à une mise en scène de terres gelées et de champs stériles, improductifs. On ne sait si l'artiste tourne en dérision ces opérations militaires avortées ou s'il vénère une idée du paysage mélancolique désolé. Dans *Opération Barberousse* (1975, Mr et Mrs Paul Makler, Philadelphie), la neige a cédé la place à la pluie. Celle-ci intensifie la tension dramatique. Le verbe « malen » (peindre) est écrit sur la toile. Un chemin rocailleux mène à un horizon brouillé. Plus mystérieuse, la toile intitulée *Siegfried* se double d'une référence à la musique wagnérienne et aux mythologies nordiques. Le froid n'est plus seulement associé aux rigoureux hivers des tranchées et des batailles mais à l'histoire allemande musicale. En peignant des paysages gelés et des champs désolés, pris dans la neige ou la glace, Anselm Kiefer figure une situation bloquée, comme celle de son pays, dont la mémoire paraît figée. Le froid incarnerait un état intérieur paralysé, en quelque sorte frigorifié.

Mélancolie et mémoire figée

Pour comprendre comment fonctionnent les paysages gelés peints par Anselm Kiefer, il faut s'attarder sur sa manière d'envisager la mémoire. S'il travaille dès 1969 dans un processus de remémoration de l'Histoire de l'Allemagne et de la « Kultur » allemande, c'est afin de revenir sur des moments qu'il n'a pas connus mais dont il tente tout de même de se souvenir. Il s'interroge donc à la notion de trace par le biais de photographies, qu'il retravaille en y superposant des coulures de plomb ou diverses matières. Dans *Schwere Wolke* (1985, collection particulière), une photographie de ciel, l'artiste a fait couler du plomb, voilant le paysage. En présentant des œuvres tournées vers le passé, parfois immobilisées comme sous l'effet d'un gel, l'artiste semble pris dans une forme de mélancolie proche du ressassement pathologique. Aussi peut-on se poser la question, comme Daniel Arasse : Kiefer est-il mélancolique ou opère-t-il un lent et douloureux travail de deuil ? L'artiste a été au bout de son évocation du froid, il a repoussé les limites du brouillard pour atteindre des visions mortifères, imprégnées de tristesse et du deuil des Juifs. En hommage à la poésie d'Ingeborg Bachman, Kiefer inscrit un texte dans *J'ai vu le brouillard*, immense peinture qui évoque l'Holocauste. Son travail apparaît comme la fabrication d'une mémoire qui prend les traits du témoignage. Ses froids paysages ne sont pas des monuments aux morts mélancoliques mais ils portent une plainte qui n'a pas de fin. Tout se passe comme si Kiefer voulait cautériser la mémoire par ses vues froides (*Böhmen liegt am Meer*, 1995,

Sammlung Frieder Burda, Baden-Baden). A la glaciation des paysages d'hiver s'oppose l'idée de renouvellement possible, de transmission.

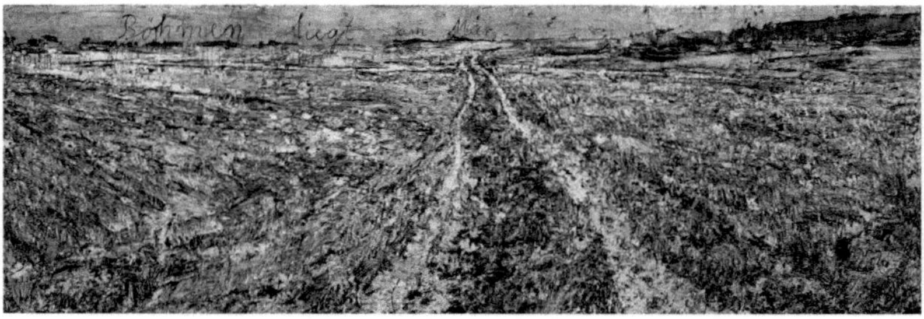

Anselm Kiefer, *Böhmen liegt am Meer*, 1995, 190 x 559 cm.
Huile sur toile.

Le deuil confronte au passé, à ce qui a été et dont nous ne sommes parfois pas partie prenante. A travers le prisme du deuil, les artistes allemands affrontent inévitablement la mémoire, question sensible dans l'Allemagne d'après-guerre. Mais quelle est l'attitude des artistes face à cette charge mémoriale ? Sont-ils obligés de se souvenir de ce qu'ils n'ont pas vécu ? Comme le remarque Alexandre Assmann, la mémoire est faite de troubles, de blocages ou de traces plus ou moins fiables et déformées : « Il faut tenir compte du fait que l'on a affaire à des mécanismes psychiques qui génèrent des phases de blocage, puis d'éruption. »[124] Car la mémoire allemande remet en question l'identité allemande :

> « Nulle part au monde, on n'établit comme chez nous une mémoire qui sape autant les fondements de l'identité collective. »[125]

---

124 Alexandre Assmann, *Le Monde*, 16 mars 2001, p. XIV.
125 Ibid.

Aussi est-il compréhensible que l'artiste puisse éprouver et mettre en scène ses difficultés à évoquer une mémoire parfois bloquée ou sapant son identité. Le problème qui retient notre attention porte donc sur les moyens de figurer la mémoire :

> « Pour les générations plus jeunes, la question décisive, aujourd'hui, est de savoir comment transmettre la mémoire face à ce qui constitue un « seuil ». »[126]

Nous semblons assister, dans les toiles d'Anselm Kiefer, à un retour du refoulé. En effet, sous la cendre, le sable ou les tournesols apparaît non seulement un sentiment de culpabilité que nous avons tenté de définir, mais également un désir d'effacer la mémoire par la dense matière picturale. Nous sommes face à une théâtralité du tragique, sacralisée dans des fonds noirs ou sans couleur, dont « l'élan pictural s'étouffe sans cesse. »[127]

Certains critiques, comme Donald Kuspit (*Signs of psyche in modern and post-modern art*) pensent qu'Anselm Kiefer, comme Joseph Beuys, exploitent leur relation à l'histoire sans prendre en compte celle-ci dans une réalité effective, mais à travers leurs consciences individuelles. Loin de porter un témoignage par le biais de leur démarche artistique, ils ne feraient que camoufler leurs traumas et leurs malaises. Ces artistes semblent pris dans cette obligation d'une justification vis-à-vis de l'Histoire, mais il s'agit d'une justification absurde, puisque héritée ou vécue en masse :

> « Qui donc est coupable ? Tout le monde et personne. »[128]

---

126 Ibid.

127 Maria Steinhauser, « L'image du sublime », in *Allemagnes*, Paris, Les Cahiers du Musée national d'art moderne, 1990, p. 49.

128 Jean-Marie Domenach, *Le retour du tragique*, Paris, Seuil, 1967, p. 169.

L'expérience de Joseph Beuys en tant que soldat allemand de la Luftwaffe et son accident en Crimée se traduit dans l'utilisation des matériaux qui ont permis de le soigner. Anselm Kiefer, de son côté, est pris dans un trouble d'identification aux bourreaux allemands de la Seconde guerre mondiale lorsqu'il se figure en train d'effectuer le salut nazi dans ses *Occupations*. Détruire ses propres œuvres en les brûlant ou en les recouvrant partiellement relève d'une attitude négative. Cette parodie prend des aspects pathétiques et trahit une relation à la mémoire très ambivalente. Ainsi, le travail de Kiefer pourrait-il être mis en relation avec la pensée du philosophe Kierkegaard, pour qui se souvenir est synonyme de répétition. Ainsi le temps de la guerre a-t-il été inscrit comme un événement traumatique et non remémorable, puisque non vécu. Ce temps transparaît dans sa création sous une forme répétitive : la litanie du deuil. « Plus il répète, moins il se souvient, moins il se souvient, moins il a l'idée de pourquoi il répète et s'acharne à répéter pour ne pas risquer de s'éveiller au sens de ce qui, en lui, insiste et réitère là où personne n'entend. »[129] L'exposition de cette plainte qui surgirait des toiles d'Anselm Kiefer affirmerait son lien à un état de deuil dont il ne peut sortir.

Cet artiste n'a pas connu la guerre mais son enfance a baigné dans l'univers d'après-guerre et des récits qui ont dû lui parvenir : « On ne vit pas dans le néant. Il y a une mémoire collective qui va beaucoup plus loin que celle d'un homme »[130], affirme Kiefer dans une interview. Il s'exprime également sur l'importance des traces : « J'ai toujours dit qu'il ne fallait pas détruire les bâtiments, les témoignages visibles, mais les transformer. (...) Je pense qu'il faut garder les traces telles qu'elles sont physiquement, tout en les transformant mentalement.»[131]

---

129 Ibid.

130 Anselm Kiefer interviewé par Bernard Comment, op. cit., p. 22.

131 Op. cit., p. 23.

On pourrait penser que Kiefer exploite volontairement le deuil comme un thème qu'il déroule sans fin dans sa pratique. Ainsi les bibliothèques en plomb de *Volkzählung* portant leur charge de livres en plomb sans texte, de même que l'avion plombé[132] de *Jason* relèvent-elles d'une posture mélancolique. Toujours de plomb chez Anselm Kiefer, les objets paraissent lourds et impossibles à soulever ou à déplacer. Ce poids incommensurable témoigne peut-être d'une fixation. Ces œuvres en plomb sont bien placées sous le signe de Saturne, comme *Die Argonauten* (1998, Collection permanente du SMAK, Gand), où un navire de guerre est posé en équilibre sur d'immenses feuilles de plomb. Chaque toile véhicule cette lourde charge pathétique, proportionnelle, semble-t-il, au poids du plomb qui les recouvre. Un poids qui n'est pas sans rappeler l'expérience de la guerre relatée par Ernst Jünger : « Et cette pression, cette pesanteur, lourd cylindre roulant par les terres privées de vie, pesait comme une chape de plomb sur le cœur de tout un chacun. »[133] Quant à l'exposition *Frauen der Antike* (galerie Yvon Lambert, 2000), celle-ci mettait en scène des spectres ou des apparitions de figures antiques ou mythologiques. De plomb ou de briques, alourdies de bris de verre, les figures subissaient une forte agression. De plus, les nombreux textes et inventaires de noms qui accompagnaient ces figures absentes, sans corps et sans visage, relevaient d'une commémoration détachée de l'Histoire : « Les commémorations, les rituels et les monuments commémoratifs des sociétés traumatisées reflètent leurs schémas d'amnésie désorganisés. »[134]

Parallèlement au poids du plomb, l'on peut être surpris de la présence de reliques très investies chez Anselm Kiefer. Cette accumulation de reliquats renvoie à un rite privé d'ordre funéraire. Nous relevons cette présence récurrente d'une

---

132 Le plomb provient de la cathédrale de Cologne.

133 Ernst Jünger, op. cit., p. 64.

134 John Kafka in « Devoir de mémoire », *Revue Française de Psychanalyse*, Paris, PUF, 2000, p. 85.

chevelure dans beaucoup de travaux. Celle-ci se réfère à Sulamith, femme juive évoquée dans la *Fugue de la mort*, un poème de Paul Celan. Le deuil de Sulamith est omniprésent. Ainsi, les « cheveux de cendre » de Sulamith jalonnent des œuvres comme *Jason* ou *Zweistromland*. Fortement fétichisée, la chevelure rappelle la fascination qu'elle exerce sur le héros du roman belge de *Bruges-la-morte*. Celui-ci la conserve, de manière fétichiste, croyant que la morte est encore présente à travers sa chevelure : « Pour Hugues (héros de Bruges-la-morte), la chevelure de la femme disparue conservée comme fétiche a bien cette fonction d'*arrêt* dans le deuil. (...) Le deuil ne peut donc pas se résoudre car la relique en élimine tout *travail.* »[135] De quelle tristesse se réclame Kiefer ? Il lui semble nécessaire de sonder la part mortifère du passé allemand, à la fois du côté des victimes et du côté des bourreaux, afin de se positionner dans sa mémoire. Kiefer est aux prises avec une conscience de culpabilité propre à son identité d'Allemand, comparable à celle que définissait Karl Jaspers à l'égard de tous les disparus de l'Holocauste. L'artiste ne rend pas forcément hommage aux absents. Il fait de sa posture de deuil bloqué un moyen de nourrir sa propre création.

Enfin, c'est la tombe que désire cacher l'artiste sous une matière picturale très épaisse, comme dans *Grab des unbekannten Maler* (*Tombe du peintre inconnu*), où la peinture elle-même se fait tombe. Le motif de la tombe est justement celui qui cache tout en signalant le mort, comme le note Louis Marin : « en dissimulant, *supprimant*, couvrant la mort, la tombe marque la mort, ou plus précisément elle la marque de son lieu. (...) La tombe est une marque, un marqueur qui fait reconnaître ce lieu et le distingue d'un autre semblable, ce lieu-ci de la sépulture de ce mort que la tombe couvre et dissimule : son nom, sa signature et, pourquoi pas, son image. »[136]

---

135 Pierre Fédida, op. cit., p. 54.

136 Louis Marin, *De la représentation*, Paris, Le Seuil, 1994, p. 270.

Effacements, brûlures

Parfois, c'est la violence qui s'exprime de manière directe dans certains travaux. Dans *Raüme und Völker in unserer Zeit*, Kiefer avait recouvert les pages d'un livre, intervenant au feutre, façonnant une étonnante jungle qui envahissait les pays répertoriés sur des cartes. L'artiste n'effaçait-il pas ainsi symboliquement le monde en attaquant sa représentation sous forme de cartes ? D'autres fois, Kiefer peint sur des photographies, cachant les paysages par l'application de vernis, de jus colorés, de sable, de cendre ou de plomb. Ici, il rejoint l'idée que « l'acte créateur est supposé avoir été précédé par une destructivité intense. »[137] En effet, l'image est agressée par les matières qui la recouvrent, comme les coulures qui dégoulinent sur le paysage dans *Die sechste Plage*. Les surfaces recouvertes par Anselm Kiefer pourraient-elles être des représentations d'un Inconscient surchargé de mémoire ou l'artiste désire-t-il effacer la réalité ? « Kiefer avec ses coulées de peinture lourde, grise, marron, noire, terre, avec ses raccords de papier kraft sauvagement agrafés et ses monceaux de paille jaune englués dans la résine et la gomme laque dénonce l'atrocité du réel... »[138] Les traces recouvrant les images attaquent la mémoire et matérialisent le processus de refoulement et d'effacement des traumas. De telles interventions sur des matières qui cachent l'image, véritables stratifications, peuvent rappeler les *Merzbilder* de Kurt Schwitters, qui recouvrait ses collages de matériaux variés par la peinture ou par des débris. De même, Günther Uecker envahit des surfaces par une multitude de clous, comme dans *Spirale* (1979) ou dans *Stühl* (1969), où il recouvre une chaise de fils en plastiques, qui dégoulinent jusqu'au sol. L'objet est effacé, refoulé, comme dans les *Peintures de la terre brûlée* : « on a donc le paradoxe d'un support d'inscription subjectif, à la fois déserté et donc libre, et, en même temps, totalement

---

137 André Green, *Le travail du négatif*, Paris, éditions de Minuit, 1993, p. 313.

138 Murielle Gagnebin, op. cit., p. 212.

saturé. Il ne peut plus être le lieu d'inscription de traces de l'événement. Comme les pages bitumées de certains livres d'Anselm Kiefer. »[139] Tout se passe comme si Anselm Kiefer n'avait de cesse de nous montrer, tout en l'enfouissant au sein de sa matière picturale, sa conscience clandestine d'une mémoire coupable. Sa conscience créatrice serait condamnée, dès lors, à se heurter à un irrémédiable deuil sans fin.

139 Jean-Louis Déotte, « L'esthétique du disparaître », in *Encrages, Entre le corps et l'écrit*, Paris, L'Harmattan, 1999, p. 76.

Imi Knoebel : stèles et dalles

Né en 1940 à Dessau en Allemagne, Imi Knoebel se réclame à la fois de l'héritage du formalisme spirituel de Kazimir Malevitch et de l'enseignement de Joseph Beuys à l'Académie de Düsseldorf. L'artiste expérimente une peinture déconstruite, revisitant les gestes irrévérencieux du Néodadaïsme, jouant avec tous les états possibles du tableau. Parfois, ses collages, comme *Ohne Titel* (1988, Sammlung Frieder Burda, Baden-Baden) faits de gouache et de papiers collés, rejoignent ceux de Kurt Schwitters et conduisent à une réflexion sur l'utilisation de matériaux bruts. De grandes traces blanches balafrent les papiers collés superposés. Les teintes sont neutres, affirmant le caractère minimal du travail.

Dès 1968, Imi Knoebel rassemble un ensemble de châssis, de volumes, de plaques, de chutes de découpes en fibre de bois, qu'il expose sous la forme d'installations. Il existe une version de ce travail au musée de Darmstadt, présentée sous la forme d'une anti-chambre aux salles consacrées à Joseph Beuys. Cet ensemble intitulé *Raum 19* (du nom de l'atelier qu'Imi Knoebel et Imi Giese occupaient à Düsseldorf à côté de la classe de Joseph Beuys) présente, parmi de multiples éléments empilés ou appuyés contre les murs, une suite de panneaux de format carré dont certains sont accrochés au mur à la manière de tableaux traditionnels. L'artiste désire à la fois rendre un hommage aux divers carrés peints par Malevitch tout en se référant aux installations de Joseph Beuys. Par cette tension entre deux pôles artistiques, l'œuvre déroute le spectateur. *Hartfaserbild* (1968-1983, collection FRAC Bourgogne) est conçu dans le même esprit. Il s'agit d'un panneau de bois, dont les motifs évoquent le Constructivisme. Mais revenons aux matériaux employés par l'artiste. On peut saisir la relation implicite des panneaux de bois avec la tradition picturale, notamment avec les retables de la Renaissance. Ceux-ci étaient généralement constitués de panneaux de bois peints et assemblés entre eux. Ainsi l'œuvre intitulée *Kreuzigung* (Crucifixion, 1982, collection FRAC Bourgogne) rappelle la tradition de la peinture religieuse de la Renaissance, en affirmant la dimension spirituelle au cœur de l'œuvre. Mais le bois est également un élément brut de construction pouvant servir à l'architecture intérieure. Les créations se situent à mi-chemin entre une réflexion sur la peinture et sur l'idée de déconstruction du tableau au profit d'une entité plus complexe. Les panneaux peuvent ainsi être suspendus comme une suite ou liés à la manière d'un polyptyque. Une œuvre comme *Großes Doppelkreuz* (1985, Sammlung Frieder Burda) va jusqu'à évoquer le thème religieux de la crucifixion. Ici, Knoebel traîte ce sujet d'une manière très formaliste, réalisant une œuvre qui investit l'espace en venant vers le spectateur. Le châssis semble avoir été démonté puis reconstruit afin de composer une immense croix en relief. Toutefois, l'artiste peut également exposer des rebuts de bois de manière plus aléatoire, afin d'affirmer le potentiel expérimental du processus d'exposition. Enfin, c'est la gestuelle que Knoebel souligne dans *Schlachtenbild* (1990, Sammlung Frieder Burda), une immense plaque de bois monochrome balafrée de rayures. La laque noire prend alors un caractère expressif. La décharge mise en scène par l'artiste exprime un désarroi. Les efforts de l'artiste blessent la surface du bois enduite de laque noire brillante comme sous l'effet d'une rage.

Proche du mouvement Antiform, Knoebel a réalisé des œuvres comme autant de variantes autour du même matériau. Dans *Weisses Bild*, les panneaux de fibre de bois possèdent une face recouverte d'acrylique blanche. Cette pièce est composée de plusieurs éléments répartis sur une surface murale. Quant aux *Weisses Quadrat* et *Schwarzes Quadrat* (1968-1996), ces œuvres sont composées de neuf carrés blancs et de neuf carrés noirs de 100 x 100 cm. Celles-ci évoquent les *White Paintings* et *Black Paintings* de 1951 et 1952 de Robert Rauschenberg. Un caractère austère ressort de ces pièces et de ces reliefs quasi-ascétiques. On retrouve cette même austérité dans de nombreuses stèles exposées par Imi Knoebel. Celles-ci sont nues et minimales comme dans *O mein Schatz*. Les surfaces sont lisses et épurées. C'est avec un souci formaliste et en hommage aux sculptures de Carl Andre, qui posait des dalles carrées sur le sol, qu'Imi Knoebel joue avec la dimension ambivalente des stèles. Celles-ci sont présentées dressées, affrontant le temps, comme les Kuduru babyloniens, d'ordre commémoratif.

Markus Lüpertz : aigles et casques

En opposition aux nombreux mouvements abstraits qui dominent la scène artistique internationale dans les années soixante, Markus Lüpertz se concentre dès ses débuts sur des motifs figuratifs, qu'il peint de manière expressive. Ayant grandi dans une Allemagne soumise à une influence essentiellement américaine, Lüpertz fait partie de ce groupe d'artistes berlinois désireux de réagir contre le Pop Art et l'art conceptuel. Tout commence pour lui à Berlin en 1962, lorsqu'il réalise les « peintures dithyrambiques ». Dans celles-ci, l'artiste affirme le champ figuratif de la peinture et aborde des thèmes liés à l'histoire allemande. Ses leitmotive sont les symboles du pouvoir et de l'idéologie nazis comme les casques, les drapeaux ou les monuments aux morts...

C'est en créant à Berlin-Ouest la galerie « Grossgör 35 » avec Bernd Koberling et Karl Horst Hödicke que Lüpertz va imposer son style expressif. *Komposition dithyrambisch* (1976, musée d'art moderne et contemporain de Strasbourg) résulte d'une série de grandes gouaches qui développent un motif de lignes entrecroisées. On repère des villes, des visions chaotiques architecturales et des taches de couleurs issues d'une gestuelle dynamique. De la même manière, l'artiste montre, dans *Schwarz, Rot, Gold, Dithyrambisch*, une vision du monde éclatée, disséquée, semblable à celle que proposaient des peintres expressionnistes comme Otto Dix et George Grosz, « qui disséquaient et évaluaient la réalité du moment, comme Feininger, et d'autres, qui la laissaient s'embraser, exaltés, comme Nolde, Kokoschka ou Beckmann. »[140]

---

140 Peter Weiss, *L'esthétique de la résistance*, Paris, Klincksieck, 1983, p. 67.

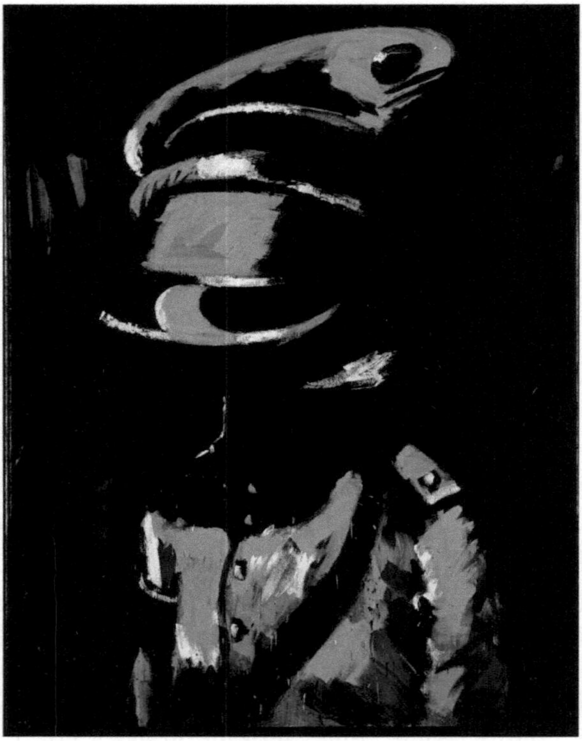

Markus Lüpertz, *Zyklop I-dithyrambisch*, 1973, 240 x 200 cm.
Huile sur toile.

Pour ce peintre et sculpteur, né en 1941 à Reichenberg, le besoin de se confronter à l'histoire de l'Allemagne, étoffe de souvenirs pour certains ou épisode traumatique pour d'autres, est nécessaire. C'est aussi à l'histoire de l'art que l'artiste se réfère, notamment dès 1977, lorsqu'il s'inspire de tableaux de Nicolas Poussin ou de Jean-Baptiste Corot. Lüpertz a enseigné à l'Académie des beaux-arts de Karlsruhe ainsi qu'à Düsseldorf et fait partie des néo-expressionnistes (ou nouveaux fauves). Ses œuvres généralement très colorées sont denses. Le style qui s'exprime rejoint l'esthétique d'artistes expressionnistes comme Karl-Schmidt Rottluff ou

Ernst-Ludwig Kirchner. C'est le conservateur Wolfgang Becker, qui utilisa le terme « nouveau fauve » lors d'une exposition qu'il organisa en 1980 au musée d'Aix-la-Chapelle. Dans les peintures de Lüpertz se déploie une rhétorique égocentrique. Après avoir étudié à l'Ecole des beaux-arts de Krefeld ainsi qu'à Düsseldorf, Markus Lüpertz s'est confronté à une identité artistique questionnant sa nationalité. Ce que certains critiques d'art, comme Hans Belting ou Bernard Lamarche-Vadel, ont reproché à l'artiste : « Passé inconnu et passé maudit, la mémoire pour Penck, Immendorf, Baselitz et Lüpertz est l'instrument privilégié de leurs œuvres. »[141]

Dans une toile comme *Zyklop I – dithyrambisch* (1973, Sammlung Frieder Burda), on observe un uniforme évidé de figure humaine. Sur cette veste vide figure un brassard noir. La veste est surmontée d'une casquette d'officier sans visage. Ne reste qu'un uniforme fantoche peint sur un fond brunâtre. L'image idéale du soldat allemand est ici tournée en dérision.

D'autres fois, Markus Lüpertz mêle des motifs abstraits à des figures esquissées. Dans *Fünf Bilder über den Tod*, le peintre évoque une allégorie de la mort. Comme d'autres peintres allemands, Lüpertz s'engage vers une réappropriation active, brutale et foisonnante d'une culture brûlée ou interdite. Pourtant, loin de se résoudre à reprendre les signes d'un nationalisme triomphant, l'artiste a développé un langage pictural qui transforme les anciens signes nazis en loques piteuses, en résidus dérisoires, portant ainsi un regard ironique et mordant sur le passé revisité. En renouant avec une peinture expressive, Lüpertz, qui vit et travaille entre Berlin, Karlsruhe, Düsseldorf et Florence, revendique l'idée de dithyrambe, c'est-à-dire qu'il place ses œuvres sous le signe du dyonisiaque, en affirmant leurs excès. Le terme dionysiaque, qui fut utilisé par Friedrich Nietzsche dans *La Naissance de la Tragédie* (1871), se réfère au dieu grec Dionysos, dieu de

---

141 Bernard Lamarche-Vadel, « Comment aimer l'art allemand ? » in *Skulptur, Baselitz, Immendorf, Kirkeby, Lüpertz, Penck*, Rouen, éditions de la Différence, 1989, p. 9.

l'explosion et de l'enthousiasme, doté de forces de vie et de destruction et capable de tous les déchaînements. L'artiste place volontairement ses œuvres dans un rapport spécifique à la vie, jouant avec l'expression de la colère ou de l'exaltation, conférant à ses toiles une subversion certaine.

Sigmar Polke : la grille-écran

C'est avant tout l'image et ses modalités d'apparition qu'interroge Sigmar Polke dans sa pratique picturale. Pour cet artiste, né en 1941 en Silésie, la manipulation des images se fait à la fois visuellement et au niveau du sens. Après des études à la Kunstakademie de Düsseldorf, Polke incorpore des photographies sur ses toiles. Fortement influencé par le Pop Art, Polke manipule des clichés issus de la culture populaire et historique, afin de créer une imagerie personnelle ironique et singulière. Il accumule ainsi une gamme de différents médiums sur une unique toile, combinant des laques, des colorants, du film transparent... allant jusqu'à construire un récit compliqué fait d'images superposées, donnant l'effet de surimpressions simultanées. Le peintre fait se rencontrer des personnages historiques (Cléopâtre), imaginaires (Alice aux Pays des Merveilles, Lucky Luke) ou encore allégoriques (fantômes, divinités,....). Sigmar Polke commence dès lors à utiliser une photocopieuse qu'il bricole afin de manipuler les images, générant de nouvelles modifications, tronquant les images. Dans la série « *Printing Mistakes* » des années 1990, l'artiste exprime sa fascination pour les imprimés et leurs degrés de signification. Il va jusqu'à s'approprier des erreurs d'impression – des taches, des bavures, des superpositions – qu'il trouve dans la presse populaire. Sigmar Polke aime particulièrement le caractère incertain du résultat et joue avec les effets hallucinatoires qui résultent de ces expérimentations avec les pigments chimiques, certains étant hautement toxiques (*Watchtower III*, 1984-1985, Staatsgalerie Stuttgart).

A partir d'images traitant de l'actualité politique et sociale, Polke s'amuse à brouiller l'information originelle et à en détourner le sens. Enseignant en Allemagne depuis 1970, notamment à l'Académie des beaux-arts de Hambourg, Sigmar Polke s'est lancé dans un procédé de « peintures mécaniques » dans lesquelles il retravaille ironiquement des illustrations de magazines par des procédés photomécaniques. Ainsi exploret-il l'imagerie d'Amérique de l'Ouest, surtout les photographies de reportages sur les armes à feu dans *Fastest Gun in the West* (2002, galerie Michael Werner, New York et Cologne). Il s'agit au départ d'une photographie en noir et blanc, qui représente un personnage vu de dos en train de tirer à la carabine. Deux cow-boys, aux corps maladroitement tracés, sont pris dans le vernis. C'est donc un regard décapant que l'artiste porte sur le rôle et l'authenticité des images dans une société qui en est saturée.

Durant les années soixante-dix, l'artiste a beaucoup voyagé, photographiant du Pakistan à Paris, de New York à l'Afghanistan, en passant par le Brésil... Autodidacte en photographie, Polke réalise des expériences avec des produits chimiques, jouant avec les erreurs et le hasard. Dans *6 Urangestein-Fotos* (Sammlung Frieder Burda, Baden-Baden), des taches lumineuses et floues proposent d'étonnantes couleurs expérimentales. Tout s'éclipse dans *Untitled*, une série de photographies en noir et blanc. Quelques éléments, comme le centre de l'image, permettent d'échapper à cette sensation de flottement dans laquelle Polke nous place. Nos repères visuels sont brouillés. L'image est encore attaquée dans *Untitled (Geneva,* 1970), où une silhouette humaine est penchée devant une fenêtre. Dans ces œuvres, le monde semble en train de se défaire.

Avec son condisciple Gerhard Richter, Polke a formulé à l'Académie de l'art un courant appellé le « Réalisme capitaliste ». Il s'agit d'un anti-style de l'art, s'appropriant l'univers imagé de la publicité. Ce titre s'oppose au modèle du « réalisme socialiste » proné par l'Union soviétique. Parodiant également certaines attitudes de l'histoire de l'art, Polke met en scène des figures basées sur des formes de pommes de terre dans *Kartoffelköpfe* (1966, Musée national d'Art Moderne, Paris). Dans cette aquarelle et gouache sur papier, l'artiste a dessiné une tête en forme de pomme de terre, tournant en dérision le métier traditionnel du peintre. Les rayures rouges sont une référence aux codes graphiques utilisés par Picasso.

Toutefois, la désorganisation systématique de l'ensemble des signes anéantit toute tentative de lecture d'une quelconque perspective permettant de percevoir une seule image. Travaillant à Cologne où il vit, Sigmar Polke combine différents styles d'abstraction et incorpore des images figuratives comme les bandes dessinées, des gribouillages enfantins et des références à l'histoire de l'art. Dans *Girlfriends* (1965), Polke cache ce qui est figuré par une invasion de pois qui transforme la surface en une mise en scène abstraite de motifs. Même chose dans *I Don't Really Think About Anything Too Much* (2002, Michael Werner, New York et Cologne), où une femme portant des lunettes noires nous sourit, tout en brandissant un révolver. La toile est tramée par le motif d'un tissu.

Au milieu des années quatre-vingt-dix, Sigmar Polke imite les trames produites par l'impression industrielle. Il travaille sur une série intitulée *Druckfehler* (*Printing Mistakes*), reproduisant les erreurs d'impressions trouvées dans les magazines. Il peint l'image sur des surfaces de polyester, s'aidant d'un projecteur. Ensuite, il applique un glacis de résine, créant un second filtre sur l'image, difficile à lire. Dans *Zwei « Steine » feiern Doppelhochzeit* (1984, Sammlung Frieder Burda), des pigments jaunes et violets, plus ou moins transparents, recouvrent deux silhouettes penchées qui se reflètent. Sigmar Polke peint souvent des figures, qu'il inscrit sur des supports tramés, des toiles cirées ou des tissus à motifs. De cette manière, il perturbe le motif principal par l'apposition de taches colorées. D'autres fois, c'est une trame qui fait écran au motif. Cette trame omniprésente forme une sorte de grille, qui a pour but de noyer l'image, voire de l'effacer. Elle encadre l'image dans un réseau de petits points, créant de nouveaux cadres, de nouveaux points de vue sur l'image. Polke apprécie le flou et les glacis qui coulent en transparence sur les figures, comme dans *Hannibal mit seinen Panzerelefanten*, dont le titre est proche d'une toile du peintre anglais William Turner : *Tempête de neige, Hannibal franchissant les Alpes*. La toile, nimbée d'un camaïeu de jaune aux coulures ciselées, est voilée par un fin motif mauve, qui répand une lumière diffuse.

Les diverses sources d'image sont issues de journaux, de photographies de satellites, d'illustrations du XIXe siècle, etc… Remontant au Pop Art et au néo-dadaïsme, jusqu'à Francis Picabia ou Robert Rauschenberg, Polke manie l'ironie et bouscule les attentes. Son utilisation de *patterns* provenant de tissus imprimés remonte à ses débuts. Dans ses toiles, il questionne le bombardement d'images auxquel nous sommes soumis dans notre univers visuel quotidien. Polke n'a de cesse de les superposer, de les recycler, soutenant l'idée selon laquelle le tableau n'est qu'un support parmi d'autres dans un monde saturé d'images.

Gerhard Richter et le flou mélancolique

Après une formation à l'Académie des beaux-arts de Dresde où il peint des œuvres abstraites, Gerhard Richter, qui est né en 1932, part en 1961 pour Düsseldorf où il s'inscrit à la Kunstakademie. C'est son intérêt pour la peinture abstraite, notamment pour l'œuvre de Jackson Pollock et de Lucio Fontana, qui motive son passage à l'Ouest. A Düsseldorf, il rencontre Sigmar Polke et Blinky Palermo et réalise des toiles en s'inspirant de photographies. Questionnant la culture d'Allemagne de l'Est, où il a grandi, comme celle d'Allemagne de l'Ouest, où il vit, le peintre mêle une réflexion sur l'imagerie communiste et sur l'univers médiatique du capitalisme, croisant sans gêne au sein de ses toiles la figuration et l'abstraction. Il n'aura de cesse de questionner les limites et les possibilités du médium pictural, contredisant ainsi l'idée selon laquelle la peinture serait dépassée :

> « L'œuvre de Gerhard Richter (...) apparaît comme une autre tentative réussie de perpétuer la peinture, d'en affirmer la valeur incomparable au moment même où le goût dominant la considère surtout en état de désuétude. »[142]

Au cours des années 1980, Richter déploie une palette largement colorée et expérimente divers gestes, comme les raclures, les zébrures, les coulures... Par ailleurs, il n'hésite pas à figurer des motifs, comme les crânes, les fleurs, les paysages ou les bougies comme dans *Kerze* (1982, Sammlung Frieder Burda, Baden-Baden). Au-delà de ces thèmes, l'artiste envisage la peinture « comme un objet de réflexion sur la fabrique et la valeur des images. »[143] Ainsi le crâne peint sur un fond quasi-monochrome gris dans *Schädel* est-il baigné

---

[142] Paul Ardenne, op. cit., p. 143.

[143] Op. cit., p. 59.

d'un flou mélancolique. Nulle précision et découpage des orbites, de la cavité nasale ou des dents. Tout semble flotter sur le fond grisâtre. Peindre ce crâne dans des teintes sobres permet de manifester une présence matérielle à travers un résidu, évoquant le passage, l'absence. En reprenant les formes stylistiques du deuil, notamment le *memento mori*, Richter confère à la toile une forme de pathos. Le crâne est un objet de dévotion. Dévotion qui trouve ses racines dans des formes archétypales, notamment dans la pratique rituelle d'ornementation. En peignant ce crâne, l'artiste vise à lever les refoulements et les tabous parfois associés à la mort, qui, dans nos sociétés, doit rester cachée, occultée.

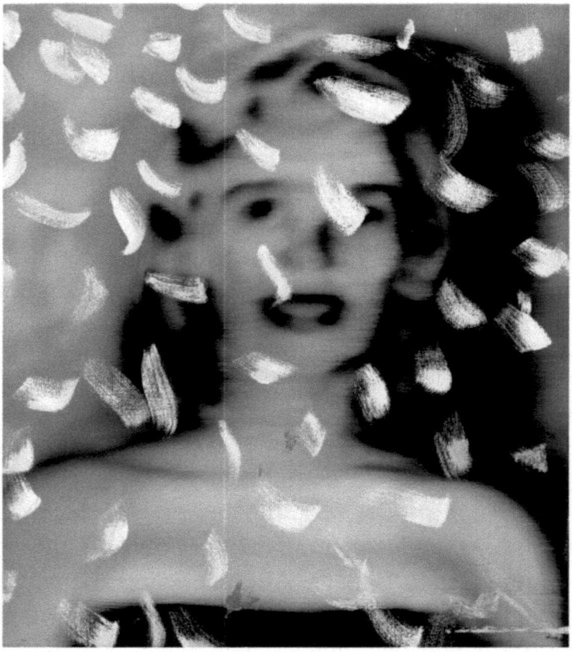

Gerhard Richter, *Frau Baker*, 1965, 46 x 40 cm.
Huile sur toile.
© Museum Frieder Burda, Baden-Baden.

L'artiste se sert également des conventions photographiques afin de véhiculer un commentaire politique, notamment dans *Brigitte Polk* (1971), une huile sur toile qui représente l'ancienne membre du groupe terroriste Fraction armée rouge. L'aspect fantômatique de l'image se double d'un commentaire sur les conditions mystérieuses de sa disparition. Elle se serait suicidée en prison ou aurait été assassinée. Quant aux *Funérailles*, toile peinte d'après une photographie de l'enterrement d'Andreas Baader, elle présente une atmosphère lourde et endeuillée, où le gris est omniprésent. En nimbant ce moment historique d'une texture floue et brouillée, l'artiste tente d'éveiller la conscience collective vis-à-vis d'événements politiques douloureux et contestés. Autre méthode dans *Dead woman*, toile présentant un véritable spectre. Ici, le cadavre d'une femme ayant appartenu à la bande à Baader se montre sans couleur dans une sorte de neutralité dénuée de tout pathétisme. En reprenant une image véhiculée par les médias, Richter démontre que l'on peut en faire autre chose, une image investie d'un pouvoir critique (*Erschossener I)*. Or peindre l'image d'une personne défeinte ne se fait pas sans l'idée que le mort se retrouve dédoublé, à la manière des images des morts peintes sur les sarcophages égyptiens, qui permettaient non pas leur retour, mais leur accession à une seconde existence donnée, en quelque sorte, par l'image. En transformant l'image médiatique de chaque membre de la bande à Baader, toujours d'après des photographies de presse et au moyen d'une palette de gris, Gerhard Richter conçoit la peinture comme l'expression d'un deuil collectif, qui questionne la société dans laquelle il vit. D'autres artistes ont fortement été marqués par les figures de la bande à Baader, comme l'auteur Ingo Niermann, qui raconte sa fascination :

> « A partir de 1977, chaque fois que j'accompagnais ma mère à la poste, je la laissais faire la queue pour aller me planter devant l'affiche des personnes recherchées, à droite de l'entrée. Fasciné par les visages des terroristes de

> la Fraction armée rouge (RAF), je regardais systématiquement s'il y en avait de nouveaux. »[144]

Un autre auteur, Leander Scholz, qui a écrit *Das Rosenfest*, évoque son adolescence marquée par les visages des terroristes :

> « J'ai grandi pendant la seconde moitié des années 80. (…) A cette époque-là, les principales figures de la Fraction armée rouge (RAF) étaient loin d'avoir disparu. (...) Souvent dramatisé, leur suicide en avait fait des fantômes, non par manque de crédibilité du point de vue psychologique ou historique, mais parce qu'on ne voulait pas les enterrer. »[145]

On pourrait émettre l'hypothèse selon laquelle la peinture de Gerhard Richter se serait inspirée des figures d'icônes des terroristes dans le but d'aider la société à en faire le deuil.

De nombreuses toiles de Gerhard Richter mettent en scène un espace flou. Elles questionnent le statut de l'image avec leurs paysages émergeant de fonds brouillés. Leurs couleurs sont souvent indécises, pâles, voire décolorées. Si l'on observe *Schnee* (1999, Sammlung Frieder Burda, Baden-Baden), une toile de format carré peinte d'après une photographie floue, on y voit un fragment de jardin envahi de neige. Seuls quelques indices permettent de comprendre l'espace : des branchages noirs au premier plan et une grille au fond de l'image. En présentant cette vue pâle et enneigée, tracée dans de grands gestes quasi-abstraits, Gerhard Richter fait du froid, le prétexte à l'exploration d'un espace blanchâtre, qui a pour but de faire disparaître le paysage.

---

144 « Sous les pavés, Seattle… », *Courrier international n°541*, 15-21 mars 2001, p. 32. Ingo Niermann a publié *Der Effekt*.

145 Leander Scholz, *Courrier international*, op. cit., p. 34.

Autre méthode avec l'utilisation du flou. Dans *Grosse Teyde-Landschaft (mit Zwei Figuren,* 1971), la brume dissout les contours. Deux silhouettes se fondent dans le brouillard. L'image n'est reconnaissable qu'à une certaine distance de la toile. Si l'on approche trop, le paysage se dématérialise. Quant à *Seestück*, cette toile légèrement floue montre une banquise. Le peintre est intervenu par-dessus avec des zébrures grises, étalant la peinture partiellement, ce qui permet de laisser apparaître l'image qui figure dessous. Abstraction et représentation de paysage cohabitent ici dans des teintes froides, comme dans *Sea Piece* (*cloudy sky*, 1969, musée d'art moderne et contemporain de Strasbourg). Avec *Engelskopf* (*N°48*,1963), reproduction d'une photographie floue d'après une peinture de l'italien Marco d'Oggionno, l'artiste fait référence à la peinture italienne de la Renaissance au moyen d'un léger tremblé : « se sont depuis longtemps exprimées dans la peinture des volontés de brouiller les contours des éléments représentés. Le *sfumato* chez Léonard de Vinci, les touches tremblées chez les Impressionnistes. »[146] Cette image floue suggère un effacement progressif et renvoie à l'histoire de l'art. La particularité de l'image richtérienne est qu'elle semble toujours être en train de s'effacer. Observons les traits brouillés et la surface vaporeuse caractéristiques de cette esthétique du flou dans une toile comme *Schwimmerinnen.* Les nageuses sont représentées debout. Elles portent des maillots et des bonnets de bain. Immergées dans un espace rose vif, elles sont toutefois brouillées, comme si on les observait à travers une vitre dépolie.

Dans la peinture allemande, l'existence du flou pourrait remonter à Albrecht Dürer, même si toutes ses gravures témoignent d'une grande netteté due à leur trait incisif. En effet, certains paysages peints à l'aquarelle par Dürer, comme *Trient, von Norden gesehen* (vers 1495), comportent un aspect

---

[146] Luc Lang, « La Main du photographe », *G. Richter*, Paris, éditions Dis Voir, 1995, p. 30.

flou dans le tracé des contours. Les teintes semblent délavées. Ainsi Dürer a apporté à l'art allemand une « façon nouvelle d'appréhender le paysage. »[147]

Enseignant dans plusieurs écoles d'art tout en vivant à Cologne, Richter continue de s'interroger sur la notion de représentation dans des toiles abstraites qu'il nomme *Abstraktes Bild*. La couleur s'organise selon une série de couches semi-transparentes. Elle s'articule selon une logique de la disparition. Ce trait brouillé, voire expressif, était l'apanage des expressionnistes. On le trouvait dans les peintures et les gravures d'Erich Heckel, d'Otto Mueller ou d'Emil Nolde, pour lesquels il était un moyen de traduire l'angoisse devant le monde. Or le trait brouillé propre à Richter n'est pas sans rappeler les « *Shimmering Substances* » de Jackson Pollock. Tout porte à croire, en effet, que l'artiste allemand s'est inspiré de cet effacement de toute délimitation, de l'opacification de la matière picturale au profit de la visibilité du médium. En regardant *Alpen* (1968-1969), ce triptyque présentant trois panneaux peints de manière abstraite, notre regard se trouve englouti par des formes nuageuses, brossées à larges coups de pinceaux, faisant l'apologie d'une surface picturale dense. Quant au système de zébrures qu'expérimente Richter, il rejoint les traits enchevêtrés d'un peintre abstrait américain comme Sam Francis. C'est ainsi que Gerhard Richter s'attaque à la représentation du paysage, tout en jouant avec plusieurs niveaux de lisibilité de l'œuvre. Il retourne les toiles afin de brouiller l'horizon. Il donne des coups de pinceaux dans plusieurs directions. Observons-nous des troncs tachés par la neige ou bien voyons-nous simplement des gestes picturaux mettant en avant la peinture dans sa matérialité ? Une toile comme *Wolken* est une réminiscence des paysages romantiques, où l'on accordait au vide et à l'absence d'objet figuratif un rôle particulier dans la peinture. Celle-ci devenait

---

147 Erwin Panofsky, *La vie et l'art d'Albrecht Dürer*, Paris, Hazan, 1987, p. 69.

le lieu d'une expérience presque religieuse de l'infini. Chez Richter, les nuages impalpables ressemblent aux brumes molles que l'on observe dans *Lever de brouillard dans la montagne* de Caspar David Friedrich. Autre référence à la période romantique avec une toile intitulée *Schloß Neuschwanstein* (1963, Sammlung Frieder Burda), dans laquelle le château construit par Louis II de Bavière est peint sur un fond très sombre. Toutefois, chez Richter, la peinture vise avant tout à imbriquer technique picturale et réflexion sur l'identité du paysage, comme dans *Bühler Höhe* (1991, Sammlung Frieder Burda), où un paysage flou avec des arbres dans la brume est peint dans des tons pastels. L'herbe du premier plan est intensément verte, tandis qu'au loin, l'image se dilue. La démarche de l'artiste consiste également à collecter de nombreux documents (photographies qu'il prend lui-même et qu'il a exposées à la Documenta 10 de Kassel, clichés sélectionnés dans la presse, images récupérées via Internet...). A partir de ces nombreux documents, Richter réfléchit sur l'idée de reproduction d'une image et sur nos modes d'appréhension de celle-ci. Dans *Pyramide* (1966, collection du SMAK, Gand), les contours de la construction antique se dissolvent dans le flou, suggérant une aura à l'image. Le résultat met le spectateur dans une position parfois inconfortable. A nous, en effet, de sonder les écarts entre l'image originale et la copie, entre le paysage net, identifiable, et l'image floue, voire indistincte, produite par l'artiste.

Peindre des paysages d'après des photographies elles-mêmes floues, comme le fait Gerhard Richter dans ses *Landschaften* complexifie la lisibilité. De cette manière, l'artiste nous force « à envisager ces paysages selon des critères qui ne sont plus ceux de la peinture. »[148] Dans *Ubermalungen – ATLAS,* Richter intervient directement sur les photographies, jouant à effacer les motifs, occultant les paysages sous d'épaisses couches picturales jaunes, vertes ou grises. On peut y voir des effets d'estompe par lesquels

---

148 Luc Lang, op. cit., p. 30.

Richter détruit les surfaces photographiques. Le réel capté par la photographie devient ici l'objet d'une dévoration insatiable. De la même manière, sa série de miroirs exposés lors de la Documenta X visait à mettre à mal l'acte créateur. En présentant des surfaces réfléchissantes, comme l'italien Michelangelo Pistoletto, l'artiste offre au spectateur une surface polie, sans autre image que notre propre reflet. Un même espace clos est présent dans les grilles de particules colorées où de minuscules pixels font éclater l'image. Que peut-on voir dans cet effacement compulsif qui se fait par le flou, les zébrures, les taches, les grilles ou par l'application de nappes couvrantes, tout au long des œuvres de Richter ? Devant une toile comme *Tisch*, qui figure une table effacée par une couche de peinture tourbillonnante, peut-on penser que le désir d'effacement de l'image est irrésistible ? Pourquoi tant d'acharnement à défaire une surface ? Pourquoi cette volonté d'enliser l'image ? Tout porte à croire que la peinture a été stoppée dans son élan ou effacée lors de son achèvement. Qu'est-ce qui a pu forcer ainsi le peintre à maculer son travail ? L'artiste reconnaît la part destructive de son travail pictural :

> « Le paradoxe, dit Richter, est que je commence toujours avec l'intention de conserver le tableau clos, achevé, avec un vrai motif, un motif composé, et que je finis toujours par me dépenser beaucoup pour combattre pied à pied cette intention jusqu'à la détruire, presque contre ma volonté. »[149]

Il y aurait donc, dans ces grandes peintures floues, une sorte de volonté négative, qui ferait partie intégrante de l'acte artistique. Gerhard Richter questionnerait la peinture dans ses limites, n'hésitant pas à expérimenter une matière picturale qui semble se défaire. Cette « opacité du monde, qui le rend

---

[149] Entretien entre Gerhard Richter et Benjamin Buchloh, in *Catalogue G. Richter*, 1993-1994, p. 103.

impénétrable pour la conscience, devient alors centrale. »[150] L'on pourrait penser qu'un peintre comme Gerhard Richter aurait pour rôle de montrer ce que Paul Celan nomme l'« Illisibilité de ce monde. »[151]

---

150 Gertrud Koch, « Le secret de Polichinelle, G. Richter et les surfaces de la modernité », in *G. Richter*, Paris, éditions Dis Voir, 1995, p. 11.

151 (Unlesbarkeit dieser Welt). Paul Celan, *Partie de neige*, Paris, éditions du Seuil, 2007, p. 15.

Thomas Ruff : l'anonymat

C'est de manière neutre et objective que Thomas Ruff traite le portrait dans ses photographies de grand format. En se référant au portrait d'identité, c'est-à-dire, une photographie neutre, sans fond, où le visage est vu de près, en cadrage resserré, le photographe dilue la singularité de ses modèles avec une distance et un cadrage constants. La sobriété du portrait est toutefois contredite par son format agrandi. Chaque visage qui apparaît est montré quasiment à l'échelle 1. Leur perfection froide nous fait face. Dans *Portrait (Andrea Knobloch,* 1990, galerie Nelson-Freeman, Paris), le visage paraît à la fois extrêmement naturel, réel, mais en même temps dénué de personnalité. L'éclairage est diffus, éliminant les ombres. Le point de vue est frontal, la composition symétrique et centrale. L'attitude du modèle est insignifiante et toute émotion y est systématiquement gommée. De cette manière, Thomas Ruff parvient à faire de la figure humaine un objet minimal.

Comme d'autres artistes allemands contemporains, Thomas Ruff interroge la question de l'anonyme. L'approche frontale, le rejet de l'expressivité, de la subjectivité et l'utilisation de stéréotypes caractérisent sa grammaire visuelle comme chez d'autres artistes de la Nouvelle Objectivité : « On décèle les premières manifestations d'une photographie se réclamant de la Nouvelle Objectivité dans la recherche d'une image très nette, sur laquelle se détachent personnages et objets, à cela vient s'ajouter la fascination toute récente pour les aspects esthétiques de la technique et les possibilités ouvertes par la photographie à la documentation scientifique. »[152] On trouve chez Ruff, comme chez un de ses prédécesseurs, August Sander, photographe qui réalisait des

152 Sergiusz Michalsky, *Nouvelle objectivité*, Köln, Taschen, 1994, p. 181.

portraits dans les années trente, cette même préoccupation formaliste de classement. Dans son projet *Menschen des 20. Jahrhunderts*, August Sander visait à établir une documentation des différents types de personnes, cataloguées par classe, profession, sexe, âge... Sander exécutait des portraits en pied, poursuivant la réalisation d'une typologie sociale à travers des représentants de tous les corps de métiers : pâtissier, charbonnier, paysan, bourgeois prospères...

Né en 1958 à Zell am Harmersbach, Thomas Ruff a étudié la photographie de 1977 à 1985 avec Bernd et Hilla Becher à la Kunstakademie de Düsseldorf. Les personnes, comme les lieux qu'il photographie, paraissent interchangeables. Les visages sont montrés sans aucune expression, toujours en grand format et avec une haute résolution exacerbant de nombreux détails. Dans *Anderes Porträt* 143A/14 (1994, galerie Johnen Schoettle, Cologne), le sujet est celui d'une jeune femme aux cheveux tirés. Il y a peu de contraste et les gris sont plutôt pâles. Aucun élément de l'image ne permet de connaître le caractère de la personne photographiée : celle-ci reste anonyme. Dans tous les portraits réalisés par Thomas Ruff, le caractère subjectif est retiré et les visages paraissent froids et anonymes. Ils évoquent celui que décrit Ernst Jünger dans *La guerre comme expérience intérieure* : un visage qui refuse d'être une « machine à exprimer »[153] et devient une « machine à oublier. »[154] Par ailleurs, les visages répertoriés évoquent les méthodes d'observation de la police en Allemagne durant les années soixante-dix. On ne peut que souscrire au constat selon lequel la photographie contemporaine ne semblerait plus avoir pour alternative que de se livrer au vertige du masque, du simulacre ou de se fondre dans l'anonymat pour y retrouver une fonction sociale.

---

153 Ernst Jünger, op. cit., p. 58.

154 Op cit., p. 132.

Pendant ses études à Düsseldorf, Thomas Ruff a développé sa méthode de photographie avec une approche conceptuelle. Son premier sujet d'étude est l'intérieur des maisons et des appartements allemands, avec leurs caractéristiques des années cinquante à soixante-dix. Il poursuivra ce projet en s'intéressant aux bâtiments. Le photographe, qui vit et travaille à Düsseldorf, semble également influencé par l'architecture de l'après-guerre et par le développement urbain et industriel de la région de la Ruhr. Ainsi, *h.l.k. 02* (2000, galerie Johnen Schoettle, Cologne) présente une vue quasi-architecturale d'une maison. L'angle de vue choisi par l'artiste souligne le caractère post-moderne. Quant à *w.h.s.05* (2007), ce cliché présente une maison construite par Ludwig Mies van der Rohe à Krefeld dans les années trente. La lumière est froide et les aplats de couleur contribuent à souligner l'aspect documentaire de l'image. Cette série résulte d'une commande passée à l'artiste et sert de documentation objective au travail des architectes et des restaurateurs. Il s'agit d'un recensement des architectures de Ludwig Mies Van der Rohe en Europe. Alors que certains clichés sont fidèles à la réalité, d'autres ont été manipulés jusqu'à devenir méconnaissables. Les vues de bâtiments de Ruff ont, en effet, été modifiées de manière numérique, ceci afin d'ôter tout détail insolite qui gênerait la lecture de l'image. Cet effacement renforce également l'impression d'anonymat. On ne peut plus disctinctement identifier les bâtiments. Leur aspect paraît quelque peu irréel. Comme si nous étions face à un monde virtuel.

Ce sont les prises nocturnes qui vont intéresser le photographe dans les années 1992 à 1995. Thomas Ruff commence en travaillant à partir de négatifs fournis par l'Observatoire austral européen, qu'il recadre ensuite et tire dans la série des *Etoiles*. L'artiste présente ainsi un morceau de ciel nocturne étoilé, rendant accessible à l'œil ce qui d'ordinaire ne peut être appréhendé. Quant à ses clichés de bâtiments photographiés de nuit avec un dispositif à infra rouge, qui s'apparente à celui utilisé par les militaires, ils suscitent une atmosphère inquiétante, voire angoissante. Les contours sont moins nets que dans les séries précédentes. Le flou met ici l'accent sur une menace inconnue qui pourrait émerger de l'image, comme dans *Nacht 6 III* (1992). Quant à *jpeg bb01* (2004, galerie Nelson-Freeman, Paris), elle montre une explosion produite dans un bâtiment. L'image est fortement pixelisée et provient d'Internet. Elle se réfère à la guerre en Irak. L'artiste renforce ici l'effet de déréalisation que nous ressentons en découvrant via divers médias des images de guerre au Proche-Orient. Il met à nouveau l'accent sur notre lien aux médias, notamment au cours des années quatre-vingt-dix, lorsqu'il réalise des séries à partir d'images de journaux, qu'il agrandit sans leurs légendes originales. Ainsi *Plakat VIII* (1996-1999, galerie Nelson-Freeman, Paris) s'inscrit-elle dans la série des « Photomontages » initiés en 1996. Ici, Ruff s'amuse à inverser l'écriture, évoquant l'alphabet cyrillique afin de reprendre les codes formels des affiches de propagande soviétiques. Réalisés à partir d'images photographiques et graphiques retravaillées par ordinateur, les photomontages de Thomas Ruff affichent des dimensions monumentales et rappellent ceux de John Heartfield, qui dénonçaient la montée du nazisme dans les années trente. En choisissant de réactualiser cette technique d'une autre époque, l'artiste rend hommage au dadaïste allemand ainsi qu'à Anna Höch, dont l'esthétique des collages se voulait ironique. Influencé dans ses prises de vue par Walker Evans, Eugène Atget, Karl Blossfeldt ou Stephen Shore, Thomas Ruff réalise une série qui rend hommage à ces artistes en photographiant des machines (*1304*, 2003, galerie Nelson-Freeman, Paris). Ces vues prises en noir et blanc ou dans des tons sépia bleutés ou gris présentent des intérieurs d'usines, qui rappellent fortement l'esthétique de la Nouvelle Objectivité : « Ce mouvement était caractérisé par des « objets sobres », s'attachait aux détails, était perçu comme un style sans chaleur et parfois très froid. »[155] On devine dès lors l'attachement de

---

155 Sergiusz Michalsky, op. cit., p. 17.

l'artiste au patrimoine témoignant de l'activité industrielle et au travail des hommes en usine avant la Seconde guerre mondiale.

C'est en 2003 que Thomas Ruff publie une collection de nus, en prélevant des images pornographiques sur Internet, qu'il retravaille ensuite à l'ordinateur de manière à les rendre floues. *Nudes od21* (2003, galerie Nelson-Freeman, Paris) présente une femme assise sur un fauteuil, les seins dénudés. Sa peau paraît excessivement pâle ; les tons sont pastels. Le flou baigne la totalité de l'image comme si le photographe n'avait pas fait de mise au point. C'est la sexualité qui est alors « refroidie » par Thomas Ruff. Il désamorce ainsi la pulsion voyeuriste du spectateur en nimbant les images de ce flou indistinct, tout en jouant avec la mise à nu des corps et l'exhibition de scènes porno. En résulte une impression de flottement, face à ces vues immenses, qui montrent sans toutefois laisser voir. La problématique en jeu serait celle de l'occultation. Un peu comme dans la série des *Nuits*, où, en fin de compte, le spectateur ne voyait rien.

Thomas Schütte : figures de cire

Dans *Le portrait de cire*, Julius von Schlosser montrait comment les statues de cire furent substituées aux reliques afin de donner l'illusion de la présence du mort. Ces figures visaient à redonner un visage aux défunts, à la manière des masques mortuaires. C'est bien cette esthétique funéraire que semble reprendre Thomas Schütte dans ses sculptures, notamment dans les séries de têtes ou de figurines. Tantôt faits en céramique, tantôt modelés en cire, les visages, les têtes agrandies et les personnages sculptés par Schütte questionnent l'idée de portrait dans un étonnant rapport à l'échelle. Souvent défigurés, les traits crispés ou la face torturée, les personnages sont également mis en scène, soit sur des piédestaux, soit disposés à même le sol, obligeant le spectateur à se pencher. *Untitled* (*Head*, 2002, galerie Nelson-Freeman, Paris) est une tête turquoise assez grande, perchée sur un piédestal. Réalisée en céramique, celle-ci paraît pesante. Les traits sont tirés comme ceux d'un masque mortuaire. Quant à l'installation *United Enemies, A Play in 10 Scenes* (1994, galerie Nelson-Freeman, Paris), celle-ci présente à la fois des figurines en plasticine disposées sur le sol, tandis que des photographies de grand format permettent de voir plus précisément les traits disgracieux des personnages. Les visages photographiés et présentés en gros plan sont tendus et crispés. A la différence des têtes de plasticine, qui illustrent l'attention satirique que Schütte porte aux hommes de pouvoir, ses têtes de céramique surdimensionnées affichent une massivité inquiétante.

Thomas Schütte, qui est né en 1954 à Oldenbourg et travaille à Düsseldorf, aime interroger les modes traditionnels d'expression, comme la sculpture ou la gravure. Ainsi dans une série de gravures (*Untitled*, 2002, galerie Nelson-Freeman), il représente des motifs issus de l'histoire de l'art allemande, comme un lièvre rouge rappelant les nombreux animaux gravés par Albrecht Dürer. Sur l'image, il ajoute le nom de Dürer, en forme d'hommage à l'artiste de la Renaissance. C'est en 1986, que Schütte réalise des copies d'objets à des échelles différentes, dans des matériaux comme le bois ou le bronze. Au premier abord, les objets agrandis ont un aspect ludique, qui évoquent les sculptures Pop de l'américain Claes Oldenburg. Ainsi les melons géants construits en bois et ensuite peints par Schütte dans *Melonely* (1986) apparaissent-ils comme des tranches gigantesques de pastèques. Et la cerise devient géante dans *Kirschensaüle* (1987). Plus inquiétants, les citrons noirs réalisés en céramique de *Schwarze Zitronen* (1989) possèdent certains détails, qui les font plutôt ressembler à des grenades ou à des bombes. Leur taille démesurée plonge le spectateur dans un climat d'angoisse, qui évoque celui de la Seconde guerre mondiale mais aussi la possibilité d'attentats. L'ambition n'est plus ici de copier la réalité ou de s'amuser avec l'échelle des objets mais de soulever la dimension angoissante ou menaçante des objets.

Dans *Grab,* Thomas Schütte va jusqu'à présenter l'image d'une tombe portant son propre nom et ses dates de naissance et de mort présumée. Ne voudrait-il pas faire ici l'expérience anticipatrice de sa propre mort telle que la relate le psychanalyste Michel De M'Uzan dans *Si j'étais mort* ? Si notre mort ne nous est pas représentable selon Freud, penser sa mort exprimerait paradoxalement un désir d'immortalité que certains artistes interrogent dans leur pratique. A propos de l'étude sur la peinture des *Bergers d'Arcadie* de Nicolas Poussin, Louis Marin explique cette impossibilité à parler de sa propre mort sans passer par l'image :

> « Nous ne pouvons parler de la mort. Je ne peux, encore moins, parler de ma mort que par image et métaphore. Métaphore de la mort, de ma mort, un déplacement, un transfert qui pour être cohérent avec ce qu'il déplace ou ce qui se déplace ne peut

être qu'un effacement, une érosion ; la métaphore de la mort gomme son sillage à la surface du langage. »[156]

La tombe que représente Schütte s'apparente à un mausolée ou à une sorte de maison. Elle évoque l'esthétique des tombes-maisons illyriennes et leur aspect monolithique. En présentant sa future tombe imaginaire, Thomas Schütte s'attaque à la représentation du tombeau et commence en quelque sorte un *travail du trépas*[157], c'est-à-dire qu'il accepte d'anticiper fictivement sa mort dans un deuil de soi-même. Cette projection funèbre rejoint celle de Caspar David Friedrich, qui dessinait de nombreuses tombes (*Hibou sur un cercueil, Tombe hunnique sous la neige, Cimetière dans la neige, L'Hiver* ...). Selon l'écrivain allemand O.H. Von Loeben, Friedrich éprouvait un désir de mort tel, qu'on le ressent dans ses tableaux non seulement par le choix de ses motifs mortifères mais également par l'expression de sensations : « cette sensation de se perdre dans l'infini où l'art nous plonge est toujours précédée d'un désir de mourir... »[158] Il s'agirait de désirs ou de pseudo-désirs de mort. En ce qui concerne Thomas Schütte, nous pensons qu'il interroge son propre décès de manière ironique, tout en utilisant la forme sculpturale du tombeau. Le spectateur peut éprouver un sentiment d'inquiétante étrangeté face à cette œuvre ou ressentir une dimension mortifère. Au spectateur de trancher.

Autre thématique importante dans l'œuvre de Thomas Schütte, la réflexion sur l'architecture permet de prolonger le questionnement sur l'espace public. Contrairement aux figures et aux têtes de céramique des œuvres précédentes, l'homme est rarement présent dans ces propositions architecturales. Si l'échelle des modèles de cire qu'il présente renvoie à une utopie, celle des maisons réalisées en maquettes s'apparente

---

156 Louis Marin, op. cit., p. 275.

157 Michel De M'Uzan, *De l'art à la mort*, Paris, Gallimard, 1977, p. 161 .

158 Cité par Jean Clay, *Le Romantisme*, Paris, Hachette, 1980, p. 137.

au travail de l'architecte. Thomas Schütte réalise de petites maquettes et les présente sur des tables, comme s'il s'agissait d'un véritable projet architectural (*One Man Houses*). Faites de bois brut comme *HQ* (1989), les maisons évoquent l'architecture industrielle. Nombreux sont les artistes allemands qui se sont intéressés aux maquettes architecturales comme Andreas Schulze (*Häuser*, 1989) ou Hubert Kiecol (*Sechs Häuser*, 1984). Si Andreas Schulze choisi un matériau dérisoire afin de dénoncer toute illusion réaliste, faisant référence à l'univers du jeu d'enfant, de son côté Hubert Kiecol utilise la brique, matériau de construction, pour en faire des modules combinés de manière abstraite et minimaliste. La forme des maisons n'est plus qu'allusive (un pan incliné figurant le toit). Par ailleurs, dans *Belgian Blues* (1990, collection du SMAK, Gand), Schütte mettait en scène des impressions personnelles, qu'il avait eues derrière les vitres de son appartement avec vue sur la mer sur la côte belge. Un trio de canapés et sept aquarelles fixées à des plaques d'aluminium constituaient la mise en scène. L'installation suggérait des réflexions sur l'intériorité et la représentation picturale de l'extérieur. Ce travail insistait sur les émotions humaines qui peuvent se manifester au sein d'un espace architectural.

L'artiste complète les maquettes avec des meubles réels, des pièces en bois à l'échelle humaine, comme des vases, des lampes ou des rideaux… Cette réflexion sur l'utilisation d'une architecture individuelle relève d'une envie de créer un design concret, propre à l'usage quotidien et à l'habitat, ce qui change des préoccupations plus formelles de l'artiste. Thomas Schütte a commencé dès 1981 à créer des œuvres tournées vers l'architecture, notamment dans *Studio I and Studio II* (1982) et dans *House 3 : House for two friends* (1983). Travaillant avec des médias aussi variés que l'installation, les constructions en trois dimensions, la sculpture, la gravure, la peinture, le dessin ou l'aquarelle, Schütte explore le rôle du sculpteur en expérimentant diverses stratégies, jouant avec l'échelle, les matériaux ou le genre. De ses premières maquettes architecturales aux maisons, des bunkers aux mémoriaux hypothétiques, l'œuvre protéiforme de Schütte relève de l'ironie et d'une réflexion sur le symbolique dans notre société.

Rosemarie Trockel : fétiches

« *Ich habe Angst.* »[159]
Rosemarie Trockel

Développé autour de divers médias, le travail artistique de Rosemarie Trockel se compose de photographies, de dessins (*O. T.* (*Untitled)*, 1991, galerie Monika Sprüth, Cologne), de sculptures et d'objets, mais aussi de vidéos et d'installations (*Maisons/Haüser, Minibus aux moustiques*, 1996). Née en 1952, l'artiste a étudié à la Werkkunstschule de Cologne, une école d'arts appliqués. De cette formation résultera un art étrange, précis et quasi-scientifique. En 1997, elle participe à la Documenta X à Kassel, où elle expose *Ein Haus für Schweine und Menschen* (*Maison pour porcs et humains*) en collaboration avec Carsten Höller. Dans cette installation comme dans de nombreuses œuvres, le regard porté par l'artiste sur la société se veut dur, parfois subversif et profondément ironique. C'est donc en détournant le caractère banal de certaines attitudes, en manipulant des conventions sociales, que l'artiste déstabilise les attentes du public. Elle inverse les notions de sphère privée et de sphère publique, jouant à faire prendre conscience de nos pulsions voyeuristes, exhibant ce qui doit souvent resté caché (*Prunelle : maison pour pigeon, humains et rats*, 1999, vidéo projection et maquette – projet pour l'exposition 2000, Hanovre). La notion de distanciation, propre au théâtre de Bertolt Brecht la guide dans ses différentes entreprises, qui comportent souvent une dimension spectaculaire.

Observons les thèmes récurrents de cette œuvre singulière et protéiforme : transformations, métamorphoses, mutations, notion de double... Les êtres humains sont parfois

---

159 Titre d'une installation de Rosemarie Trockel à l'église Saint Peter, Cologne, 1993.

animalisés tandis que les comportements des animaux sont analysés en regard des activités humaines. Il y a une mise en scène de nos attitudes et de nos pulsions au moyen de dispositifs théâtralisés élaborés. Dans les *Hydrocephalus* (1992, plâtre peint), sculptures gonflées qui véhiculent une idée de fertilisation par l'imaginaire, on retrouve l'esthétique liée aux canons de beauté égyptiens. La tête se fait contenant comme un vase. Les fonctions corporelles sont interrogées. Quant aux nombreux nez dessinés par l'artiste, ils sont assimilés à des symboles phalliques. A propos de son travail, le critique Donald Kuspit explique l'utilisation des formes phalliques dans *Signs of psyche in modern and post-modern art*. Chez les artistes, l'évocation des organes génitaux renvoie souvent à une castration symbolique qu'il faut parer. En focalisant sur cette forme corporelle phallicisée, l'artiste rejoint la pensée de Freud, pour qui « la dernière impression de l'inquiétant, du traumatisant en quelque sorte sera retenue comme fétiche. »[160] C'est bien ce qui se passe dans le travail de Rosemarie Trockel qui va jusqu'à exposer de longs collants de laine. Ceux-ci évoquent une scène de déshabillage dans laquelle le pied est fétichisé. Ils sont, en effet, l'enveloppe d'une partie du corps non montrée qu'ils protègent, ce qui, selon Freud, renvoie à l'idée de castration : « Tout n'est pas dit lorsqu'on souligne qu'il (le sujet) vénère son fétiche ; très souvent, il le traite d'une manière qui équivaut manifestement à représenter la castration. »[161] De tels objets-fétiches sont récurrents dans le travail de l'artiste, notamment dans ses installations, où les objets sont dédoublés, répétés ou encore transformés, comme les bonnets, les cagoules ou les longues chaussettes en tricot. Le rôle principal de ces objets est alors de combler une perte. De plus, l'artiste insiste, là encore, sur l'idée d'exhibition et de pulsion voyeuriste.

---

160 Sigmund Freud, « Le fétichisme », in *La vie sexuelle*, Paris, PUF, 1969, p. 135-136.

161 Sigmund Freud, op. cit., p. 137.

Pour Freud, le fétiche est pris comme un objet permettant de dénier la castration vécue comme une perte irréparable. D'autres œuvres de Trockel mettent en scène des fragments corporels, comme les cheveux, et rejouent cette esthétique du fétiche (*Sans titre*, 1991, bronze, cheveux artificiels) ou *Painting and 56 brush strokes* (1990, fer, cheveux). Présents dans de nombreuses œuvres du XXe siècle, les fétiches apparaissent notamment dans les sculptures d'Alberto Giacometti ou de Rebecca Horn :

> « The « invisible object » that Alberto Giacometti's female is holding (...) the equally highly sheened objects made by (...) Rebecca Horn, (...) their intense polish, their most salient quality, making them vibrantly alert with a strange consciouness for all their inanimateness – all resonate with fetihistic significance. »[162]

Ailleurs, c'est la fonction vestimentaire qui est interrogée en regard d'une absence, notamment dans l'exposition de cagoules de laine aux couleurs variées de *Balaklava Box*. Cette œuvre inquiétante présente des têtes sans visage, alignées et enfermées dans une vitrine. Les visages cachés peuvent également évoquer ceux de manifestants cagoulés. Trockel réalise par ailleurs des tableaux tricotés, composés à partir de laine. Elle associe volontairement le travail artistique à l'univers féminin du tricot, tout en faisant réaliser les pièces par ordinateur. Par ce travail, elle contrecarre et déjoue les attentes dépréciatives, notamment dans *Cogito ergo sum* (1998), une œuvre qui se réfère au *Carré noir* de Malévitch. Avec le même esprit ironique, l'artiste filme une femme prise dans un pull qui se démaille et qui se retrouve nue à la fin de la video dans *O.T* (*Woolfilm*, 1992). Un autre travail du même type évoque la destruction d'un tricot par des mittes (*A la motte*, 1993). La video repasse à l'envers ce démaillage, jouant avec l'idée de destruction et

162 Op. cit., p. 149-150.

de création. Enfin, c'est l'identité sexuelle qui est interrogée dans *Zig/Zack* (2008, galerie, Monika Sprüth, Cologne), une sculpture réalisée en osier et conçue en collaboration avec Thea Djordjadze présentant des bustes humains masculins et féminins.

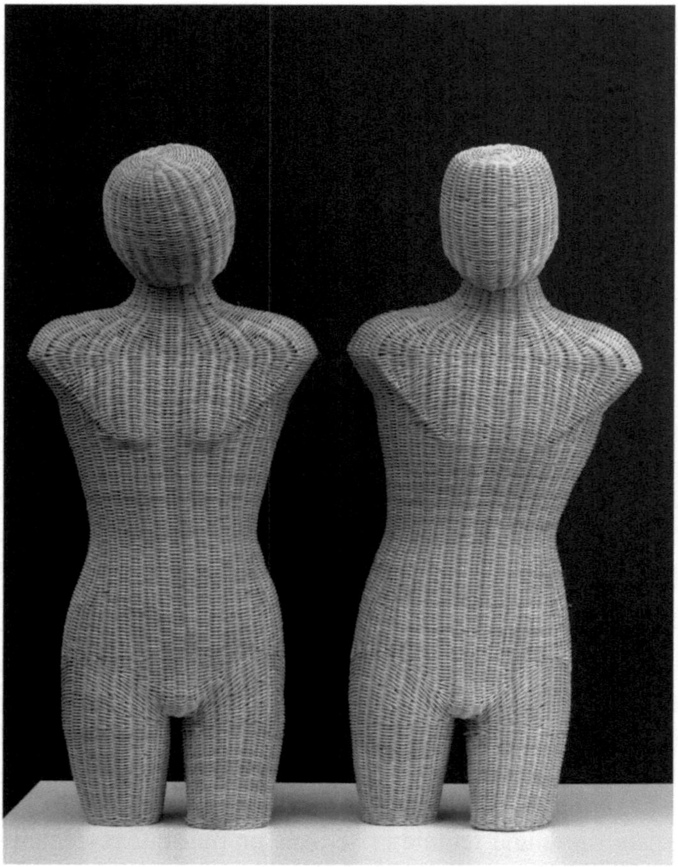

Rosemarie Trockel/Thea Djordjadze, *Zig/Zack*, 2008.
Korbgeflecht/Basketwork, 102 x 82 x 20 cm. RTR 2023.
Courtesy Monika Sprüth Philomene Magers, Berlin/London.

De manière plus irrévérencieuse, Trockel réalise des portraits dédoublés, où se superposent les traits de Brigitte Bardot sur ceux de Bertolt Brecht. Elle rejouera de ce principe dans des autoportraits, où son visage se superpose à celui de l'artiste Andreas Schulze ou de Jiri Georg Dokoupil. Ce besoin d'altérer l'identité et de se fondre dans un autre visage masculin ou féminin relève d'une crise identitaire. Le choix des matériaux qu'elle utilise, comme la laine, propre à l'univers traditionnel féminin ou le design, souvent plus associé à l'univers masculin, fait de son travail un mode de réflexion sur l'identité d'artiste. Non détachée de la tradition graphique de sa culture, Rosemarie Trockel explore également la notion d'altération et de métamorphose en photocopiant et déformant des dessins célèbres d'Ernst Ludwig Kirchner ou de Käthe Kollwitz. Dans ce travail, elle pose la question : un artiste doit-il fondre ses pas dans ceux d'autres artistes ? Par quel geste fonder sa propre identité artistique dans un pays comme l'Allemagne ? Voilà des questions fortement actuelles.

Franz Erhard Walther : « Objekte »

Né à Fulda en 1939, Franz Erhard Walther a cherché dès les années soixante de nouveaux médiums afin d'aller au-delà de l'idée de simple exposition. Après avoir étudié en 1969 et réalisé des objets métalliques à Düsseldorf, Walther enseigna dès 1971 à la Bildhauerei Hochschule für Bildende Kunst de Hambourg. Ses dessins-collages ressemblent aux *Merz* de Kurt Schwitters et reprennent l'esthétique du rebut. Des mots apparaissent, découpés dans des journaux, comme FORM, TIME, ZEITKOERPER... Les couleurs sont simples et reprennent l'esprit du Bauhaus. En 1972 et en 1977, les œuvres sculpturales de Walther sont exposées à la Documenta 5 et 6 à Kassel. Faites de matériaux pauvres et manipulables, celles-ci peuvent être déplacées par les visiteurs, devenus eux-mêmes acteurs d'une œuvre. De cette manière, le spectateur devient le témoin d'un «ça a été ». Les manipulations effectuées apparaissent comme autant de pièces à conviction d'une création que l'on pourrait croire fictionnelle. Libre au visiteur de les prendre en main, de devenir le socle de ces objets faits de cartons, de cordes (*100 m Linie*, 1963), de bandes de tissus (*Zwei rotbraune Samtkissen*, 1963) ou de papiers... A-t-on besoin des œuvres pour s'en souvenir ? L'artiste seul peut-il attester de la vérité de sa création ? Autant de questions qui intéressent l'artiste. Dans une pièce intitulée *Werksatz,* il met en scène une réflexion sur le statut de l'œuvre d'art et son autonomie. *Werksatz* se compose d'une commode remplie de tissus pliés que le visiteur peut déplier et utiliser selon quelques consignes laissées par l'artiste.

Plongé dans ses recherches picturales, Franz Erhard Walther s'est préoccupé d'exploiter autrement l'espace du tableau ou l'idée de sculpture. Dès lors, il prend la toile comme telle, la travaille sans châssis, la colle sur du carton et la traite comme un objet tridimensionnel, tout comme ont pu le faire en France les membres du groupe Support/Surface.

Exploitée sous toutes ses formes possibles, la toile n'est autre qu'une surface ou un volume en devenir. Au spectateur d'être l'acteur de ce matériau. A lui également de définir l'œuvre ou d'en éprouver les limites. À l'instar d'autres artistes de cette génération, Walther donne une nouvelle définition du processus créatif : « Faire quelque chose à partir de l'action pure devint le concept fondamental de ma création à partir de 1963 », explique l'artiste. En cela, il est précurseur de l'art dit « interactif » qui permet au public d'être une composante inextricable de l'œuvre. Lorsque Walther réalise le *Werklager*, une salle qui réunit des œuvres réalisées entre 1961 et 1972, il répond à une commande du Mamco de Genève, qui demandait à plusieurs artistes de réfléchir à une pièce représentant leur œuvre. Dans cette salle, on peut voir le *Werksatz* au centre de la salle. Il s'agit de paquets en attente. Ils peuvent être dénoués, dépliés, ouverts, afin de permettre au spectateur d'extraire des bandes de tissus qui pourront être manipulées par l'artiste ou par d'autres personnes. Certaines photographies de ces actions avec ces tissus montrent l'artiste qui les revêt, qui les met en situation dans l'espace, qui cache partiellement des parties de son corps avec ou qui se couche dessus. Ceci formant une œuvre à la fois sculpturale et posturale. L'artiste semble ici s'inspirer de l'art minimal, tout en utilisant invariablement des formes simples, des matériaux pauvres, comme chez le sculpteur américain Robert Morris. C'est ensuite l'action du corps de l'artiste, l'espace et le temps qui deviennent à leur tour des matériaux.

Après avoir suivi une formation en arts appliqués puis à l'Ecole des beaux-arts d'Offenbach, Franz Erhard Walther s'inscrit à la Kunstakademie de Düsseldorf en 1962 dans le cours de l'artiste Karl Otto Götz. Il conçoit alors la forme à partir de l'action, celle de l'artiste lui-même ou celle du spectateur. Selon lui, il s'agit aussi d'une question de définition de l'art envisagé comme l'expérience d'une modalité-limite de production. C'est pourquoi, il choisit de nommer dès 1962 ses sculptures des « objets » pour signifier à la fois leur spécificité en tant qu'œuvre mais aussi leur caractère instrumental. Les objets sont des formes géométriques simples. Ils sont généralement fabriqués en tissu (gilets, tapis, bandes...). Ce matériau permet de rendre visible le principe de construction, le passage du plan au volume grâce à la couture. Poussant au plus loin les principes de l'Art informel, la démarche artistique de Franz Erhard Walther vise le retour au point de départ, où rien n'a de forme et où tout commence à peine à se former. En invitant le public à matérialiser l'œuvre, l'artiste souhaite l'impliquer, le responsabiliser dans la création, lui demander un engagement à la fois physique et mental. L'œuvre engage un jeu de relations possibles pour le spectateur. Les couleurs sont toujours peu nombreuses. Une perception plus proche conduit à la mesure entre le corps et l'œuvre. L'artiste réalise également de nombreux dessins qui constituent le socle de son travail (D*essins opératoires*, 1963-1975).

Les objets sculpturaux sont multiformes pour Franz Erhard Walther, qui n'a de cesse d'en proposer divers modes de présentation, indiquant d'infinies actions aux spectateurs qui pourront les manipuler. Souvent contenus dans des boîtes, ces objets apparaissent de manière cachée avant de révéler les actions qu'ils impliquent. On peut donc dificilement les définir. *Werkbuch Handlungskörper* (Workbook Action Bodies/Volumes, 1963-1967) est un livre fait de tissus. Celui-ci comporte de nombreuses pages d'indications d'usage des œuvres, un peu comme un mode d'emploi. Franz Erhard Walther invite les visiteurs à remplir ce livre vide avec les mains, les pieds, les pensées... L'on pourrait penser que le travail sculptural de l'artiste viserait à définir un objet interne, difficile à figurer, se confrontant sans cesse à un souvenir traumatique inanalysable. Du fait de son infigurabilité et de ses multiples formes, l'objet sculptural apparaît en fin de compte comme une lente et interminable tentative de sculpter les possibilités du corps dans l'espace.

Observons *Elf Meter Rolle*. Cette « pièce-objet » invite deux protagonistes à éprouver une distance en déroulant une longue bande de tissu. C'est ici l'idée de lien qui est interrogée. Le déroulement de la bande de tissu, tout comme le fait de tester sa résistance, d'observer les plis ou de se tenir face à face en la soulevant, tout cela convie à des postures types entre deux personnes. L'ensemble de ces actions faisant partie de l'œuvre. Quant à une pièce comme *Nachtstück*, celle-ci est conçue pour la nuit et suggère d'allumer une bougie de chaque côté de l'objet. Comment ne pas songer ici que Franz Erhard Walther nous incite à veiller sur des disparus ? La force de cet objet réside non seulement dans la qualité de silence qui l'environne mais également dans les actions que nous sommes appelés à effectuer auprès de celle-ci. L'atmosphère est proche de celle que l'on trouve dans les installations de Christian Boltanski, certaines éclairées par des veilleuses ou des bougies. Cependant, chez l'artiste français, la dimension tragique de la disparition d'enfants ou de personnes inconnues dont les visages nous sont montrés est trop évidente. Dans *Réserves* ou dans *Les Lits*, Boltanski fait référence de manière implicite aux disparus et aux personnes décédées lors de la Seconde guerre mondiale. La qualité de recueillement est d'une autre qualité chez Walther, qui cherche à imprégner le spectateur d'une expérience plus sensorielle. Cette mort sans cadavre a donc posé aux artistes d'après-guerre la question de la mémoire.

Quant à la série *Objekte, benutzen*, celle-ci donne à la disparition un sens particulièrement angoissant. C'est dans l'usage des objets qui est proposé aux spectateurs, que l'on peut éprouver des sensations complexes sur lesquelles il convient de s'arrêter. Ainsi l'*Objekt zum vergessen* présente des postures imaginées par l'artiste ; celles-ci se rapprochent d'une logique concentrationnaire. L'on trouve mis en scène des corps « couchés, entravés, marqués, démunis, séparés, alignés, éloignés, aveuglés, éparpillés, rangés, réunis, pressés, etc… »[163] Tout se passe comme si l'artiste épurait l'univers concentrationnaire de son horreur afin de n'en retenir que des faits.

Quant à la malléabilité des objets sculpturaux présentés par Franz Erhard Walther, celle-ci leur permet d'être tordus, pliés, roulés, déroulés… Regardons plus précisément l'*Objekt für fünf Personen* (1967). Cette pièce convie cinq personnes à s'allonger sur des bandes de tissus et à disparaître dessous, à l'image de morts recouverts par un linceul. Tout se passe comme si l'artiste visait à reprendre les signes funéraires d'un deuil. Cette expérience intime et corporelle convoque inévitablement la sensation du spectateur, dépourvu de repères visuels, s'abandonnant à l'idée possible de sa propre mort, mimée sous un linceul. Franz Erhard Walther s'inspire également des formes anciennes de monstration du deuil en Allemagne, notamment par son utilisation de tissus noirs et de bougies solennelles, qui accompagnaient les veillées mortuaires. Ici, les signes du deuil contemporain reprennent l'esthétique baroque. La lumière joue un rôle prépondérant dans ces installations qui nous invitent à éprouver les sensations physiques du recueillement. La qualité de la pénombre renforcée par l'éclairage de deux bougies permet de nous faire sonder l'absence.

Dans *Versuch, ein Skulptur zu sein* (1958), on découvre l'artiste crachant de l'eau dans un récipient métallique. Une autre photographie le présente debout pendant cette action. L'artiste tient également une lanterne et un crâne d'animal. Ce motif funèbre rappelle des œuvres gothiques, comme celles d'Hans Holbein, où le crâne était un élément des Vanités, évoquant la mort. D'autres œuvres de Walther se réfèrent à la spiritualité, notamment à l'œuvre de Malevitch, comme *Kreuz Verbindungsform* (n°36 *from 1. Werksatz*, 1963-1969) où

---

163 Alain Monvoisin, « Franz Erhard Walther : I-Werksatz (1963-1969) L'usage du corps ou l'instrumentalisation de l'oubli », in *Encrages, entre le corps et l'écrit*, op. cit., p. 18.

quatre personnes disposées en croix portent autour du cou une longue bande de coton. Cette œuvre est doublée d'une seconde intitulée *Centered* (1963), dans laquelle quatre personnes sont encore disposées en croix et allongées de dos, semi-enveloppées dans des bandes de tissu kaki. Face à ces postures, assistons-nous à des rituels mystérieux ou observons-nous l'expression d'un deuil inconnu ?

Quant au motif de la couverture, récurrent chez Franz Erhard Walther, fonctionnerait-il comme un « objet d'étayage » ou comme un «objet de couverture », c'est-à-dire un objet permettant de « couvrir nos besoins, comme une mère couvre ceux de l'enfant qui ne peut s'en passer à cause de sa prématuration[164] ? Walther n'est pas le seul artiste à avoir utilisé les couvertures dans son travail scuptural. Ce matériau minimaliste rappelle les besoins de protection fondamentaux de l'individu. Le travail de Walther serait ainsi proche de celui de Joseph Beuys, qui fabriquait lui-même des couvertures ou des enveloppes à partir de feutre, s'inspirant des peuples nomades et enveloppant à l'intérieur toutes sortes d'objets (piano, violon, etc) jusqu'à son propre corps. Ces deux artistes allemands ne mimeraient-ils pas ce besoin de protection éprouvé par l'enfant séparé de sa mère lors d'une première expérience de séparation parfois traumatique ? Ou, plus simplement, ne cherchent-ils pas à montrer les besoins vitaux du corps en situation d'urgence, comme ceux des soldats blessés lors de la Seconde guerre mondiale ?

L'œuvre *Sockel für Korper* se présente comme une immense enveloppe de tissu adossée à un mur, dans laquelle on peut rentrer se nicher ou s'abriter. Cette sorte de refuge primitif et minimal croise l'idée d'une mémoire des matériaux pauvres et d'actions instinctives, comme découvrir, se lover, insérer, sentir, toucher… L'œuvre invite ici à d'improbables chorégraphies du repli. Nul doute, en tout cas, que cet objet sculptural aux vertus recouvrantes et revitalisantes ne s'intègre

---

164 André Green, op. cit., p. 128.

au travail artistique comme un lien à autrui. Car avant tout, les objets sculpturaux de Walther sont vecteurs d'un lien avec le spectateur, chaque fois sollicité à entrer en contact avec l'objet sculptural.

Anne Wenzel : le deuil noir

> « *Enfin, sur moi, se ferme le calme champ des morts.*
> *Ici n'est plus ma place,*
> *je suis une âme en deuil.* »[165]
> Müller, *Winterreise*

Entre sentimentalisme kitsch et déploiement dépressif, les œuvres d'Anne Wenzel présentent des scènes de désastres plus ou moins lugubres. Née à Schüttorf, dans le nord de l'Allemagne en 1972, l'artiste utilise de manière récurrente la céramique. Ce matériau fragile tranche avec la violence des formes mises en scène. Ce matériau utilisé traditionnellement pour l'art de la table ou de la décoration intérieure renvoie à l'univers domestique. Or il est détourné au profit de scènes violentes, suscitant un sentiment de malaise. Visages d'où émergent des protubérances, arbres brisés, coulures noires : le vocabulaire plastique est celui de la déformation, de l'effondrement, du désespoir. En résulte une impression d'oppression. Est-ce dû à la dominance du noir ? Dans *Sweet Life* (2005), le spectateur est face à une fillette en plomb fondu et à des animaux noirs tordus issus d'un conte de fées qui aurait mal tourné. Les motifs rappellent les codes visuels du Biedermeier, ce courant naïf et petit-bourgeois de la fin du XIXe siècle, tandis que le traitement des figures suscite un sentiment dépressif. La désillusion romantique domine cette œuvre sombre.

L'artiste, qui vit et travaille à Rotterdam, a suivi des cours à l'Académie des beaux-arts d'Enschede, ainsi qu'à Barcelone. Ayant commencé à photographier des résidus de vaisselles brisés qu'elle photographiait, l'artiste travaille

---

165 Franz Schubert, *Winterreise*, poèmes de Müller, W.G Billaudot éditeur, Paris, 1921.

également la résine synthétique comme le polyester. Elle trouve son inspiration dans des illustrations de livres ou dans des cartes postales anciennes typiquement germaniques, tout en jouant avec les clichés d'images relevant d'un style nordique. Explorant ainsi des motifs des années cinquante parfois enfantins, qu'elle superpose à des notions de peur et de perte d'innocence, Anne Wenzel introduit l'angoisse et la violence au sein de ses sculptures et installations. L'univers quotidien bascule vers l'effroi. Le caractère néo-baroque de certaines œuvres surprend comme dans *z.t, chandelier* (2007) : un lustre noir en céramique est à moitié fondu et fait songer à des résidus de lustres baroques. L'objet apparenté au domaine du faste est déchu. Dans *Invalid icon* (2008), une madone noire à tête de mort est réalisée en céramique. La matière est brouillée, comme si nous étions face à une bougie en train de fondre. Cette icône contemporaine est-elle une copie d'un personnage mortuaire de la Renaissance ou est-elle une parodie des personnages grotesques et effrayants de l'industrie cinématographique, façon *Scream* ?

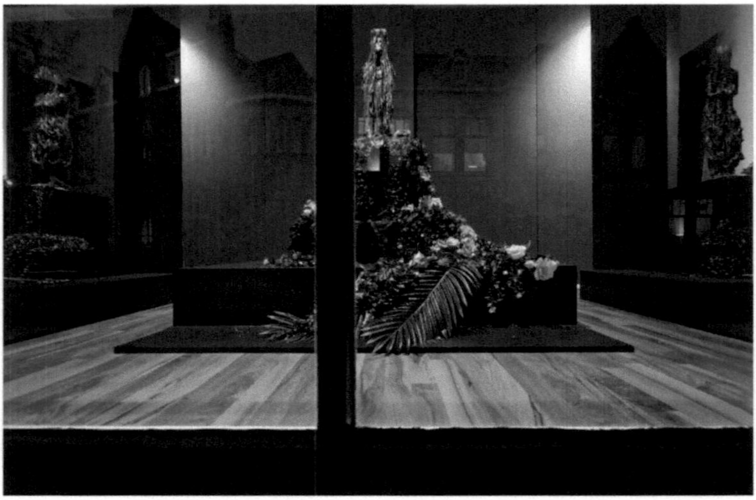

Anne Wenzel, *Invalid icon #2*, 2007.
Ceramics, 78 x 34 x 29 cm. Jager Collection, The Netherlands.
Vue de l'installation. Photography : John Stoel. Courtesy : © Anne Wenzel.

Au premier regard, les formes en céramique représentent des figures dont l'anatomie, les proportions et les détails corporels ont été respectés. Cependant, les postures tout comme les distorsions relèvent de la caricature. Derrière l'attitude passive d'une fillette se cachent des sentiments inquiétants et envahissants, à l'image d'une protubérance qui se greffe sur le front de la figure. Wenzel aime surprendre le spectateur. A l'image clichée de l'enfance, elle ajoute une vision traumatique et destructrice, qui peut rappeler l'univers des mangas japonais. Ainsi la fillette faite en céramique noire dans *Untitled (black girl,* 2003) est une figure féminine qui paraît capable de pouvoirs de désintégration.

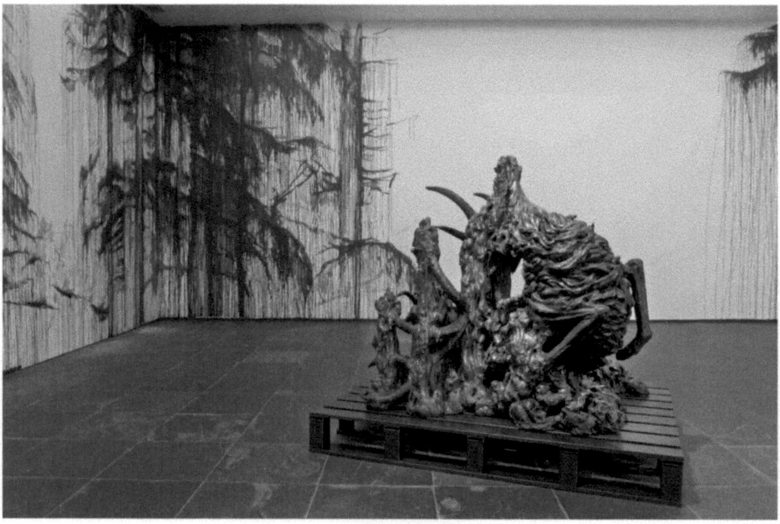

Anne Wenzel, *Sans Titre (Cerf)*, 2005.
Vue de l'installation dans les collections du S.M.A.K de Gand (Belgique).
Photo : Dirk Pauwels. Courtesy © Anne Wenzel/© Dirk Pauwels.

D'autres sculptures, comme *Untiteld* (*Stag*, 2005, collection du SMAK, Gand, Belgique) donnent au spectateur l'impression de rentrer dans l'univers d'une fable. On est surpris par les tumeurs qui se développent et envahissent la surface, couvrant les corps. Sommes-nous face à un carnage ou devant une scène de chasse traditionnelle qui aurait dégénéré ? *Untitled* (*stag*) présente un bloc de céramique et de métal noir quasiment informe d'où émergent des pattes et des cornes d'animaux. La sculpture est volontairement présentée sur une palette. Le socle dénonce ici toute illusion. Tandis que la technique sculpturale est soulignée. Si le trait est volontairement brouillé, l'impression qui domine est celle d'un imbroglio de formes. On ne distingue plus les lignes ni les courbes de la sculpture traditionnelle animalière. Toute trace d'héroïsme a été effacée par les remous noirâtres de la céramique. On dirait un animal pris dans une plaque de pétrole ou des essais infructueux d'un sculpteur raté.

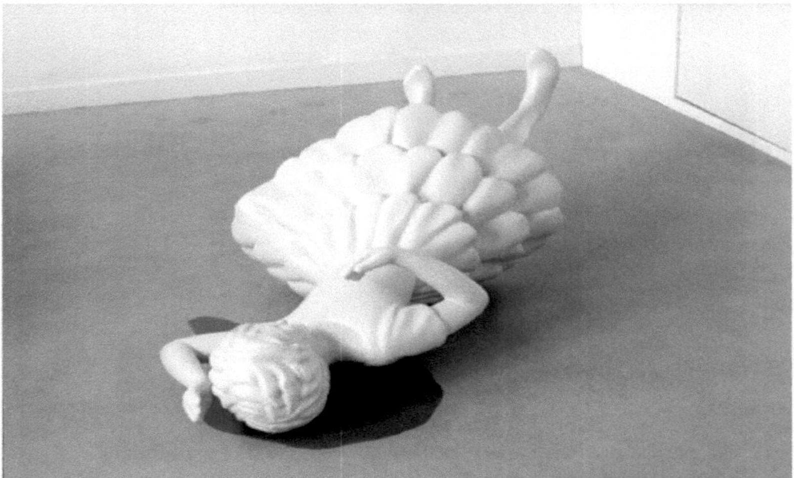

Anne Wenzel, *Dead Alice*, 1998.
Resin on polystyren, silicon. 55 x 90 x 165 cm.
Courtesy : © Anne Wenzel.

Même étonnement devant *Black Girl* (2003), sculpture d'une fillette déformée, où l'on bascule vers l'univers du crime ou de la violence. C'est volontairement que l'artiste se réfère à l'atmosphère des œuvres allemandes romantiques, tout en y distillant un ton sinistre, voire mordant. Quant à *Dead Alice* (1998), cette sculpture de résine, de silicone et de polystyrène montre une fillette uniformément blanche allongée sur le sol. Une étrange tache bleue s'écoule sous sa tête. L'Alice des pays des merveilles a chuté, basculant dans un monde où les nouveaux matériaux remplacent le bronze et le marbre. L'innocence est définitivement perdue.

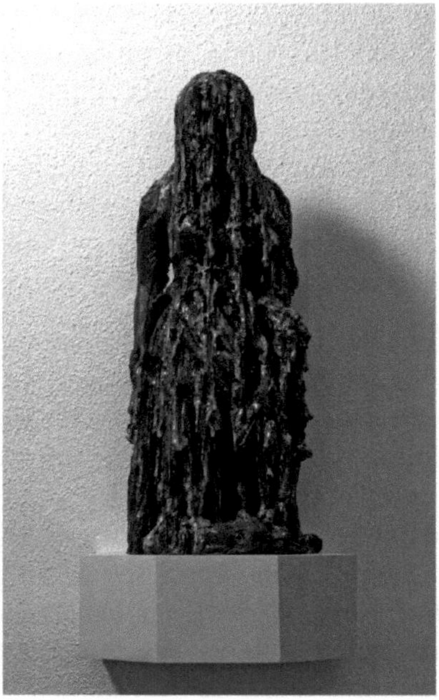

Anne Wenzel, *Invalid icon #1*, 2007. Ceramics, 77 x 28 x 29 cm.
Private collection Belgium.
Exhibition at NP3 Groningen, The Netherlands, 2008.
Photography : Ruud Ploeg, © NP3. Courtesy : © Anne Wenzel.

Paysages silencieux à l'atmosphère dramatique, les *Silent landscapes* (2006, galerie One Twenty, Gand) sont composés d'une installation comportant quarante-quatre sculptures de céramique ou de bois sur fond de wall painting recouvert d'encre noire. On distingue des formes évoquant des branches de sapins décharnées. Sur le wall painting nommé *Untitled* (2005), l'encre indienne est appliquée comme une peinture abstraite sur le mur. La gestuelle à l'encre noire exalte une atmosphère sombre et mélodramatique. Autre installation ténébreuse dans *This is not a love song* (Kunstvereniging Diepenheim), où les traits brouillés des wall paintings évoquent les rayures et les zébrures abstraites de Gerhard Richter. Hommage au maître de la peinture ou clin d'œil à l'expressionnisme abstrait ? Les dessins représentent des silhouettes d'arbres désolés, semblables à ceux que l'on trouve dans les dessins mélancoliques sépia réalisés par Caspar David Friedrich. Cette série de paysages tristes et lugubres évoque une scène apocalyptique. Les silhouettes solitaires des arbres sont renforcées par des coulures qui accompagnent une sculpture de fillette. Celle-ci a les jambes fondues dans un amas d'expansions noirâtres tandis que sa joue est envahie par une protubérance informe. Elle est habillée comme certains personnages de contes enfantins.

Autre décor ironique et post-traumatique dans *Heaven* (2007), où des sculptures de petit format sont posées sur du charbon. Les carcasses de voitures, semblables à des jouets d'enfants, figurent autant de tombes ou de résidus qui jonchent un parterre évoquant l'enfer. Les carcasses de voitures rappellent celles qu'expose l'artiste anglaise irrévérencieuse Sarah Lucas, après les avoir volontairement vandalisées. Chez Anne Wenzel, les carcasses évoquent des résidus d'accidents ou d'actes de vandalisme. Elles sont présentées devant des vues de ruines architecturales. Ici, l'esthétique qui domine est celle d'un drame dont on ne connaît pas la cause. Anticipation ou constat ? Sur le mur, d'étranges formes architecturales ou post-industrielles ressemblent à des camions ou à des bâtiments délabrés. Ces

« collapsing buildings » (2006) réalisés en céramique noire ainsi qu'un « air crash » (2006) forment un paysage symbolisant un état de guerre ou une vision post-nucléaire. On pense à des bâtiments incendiés et aux destructions de la Seconde guerre mondiale. L'esthétique est celle de la catastrophe.

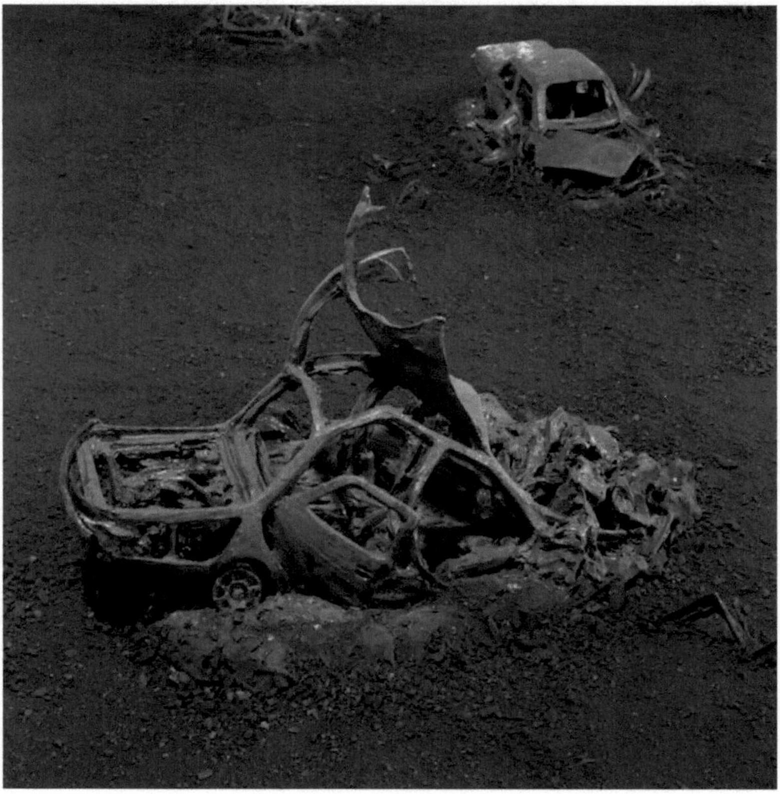

Anne Wenzel, *Heaven*, 2007.
Ceramics, charcoal, wood, paint. 145 x 190 x 560 cm.
Photography : John Stoel. Courtesy : © Anne Wenzel.

Résidus, banderolles noires, drapeaux en berne, autant de symboles évoquant une chute, une défaite, un deuil. Celui des œuvres prises dans des matières qui les engloutissent partiellement. Echouées, telles des épaves, les sculptures semblent arrivées au terme de toutes possibilités. Ce travail en marge du goût ambiant reflète-t-il un sentiment dépressif ressenti par d'autres artistes contemporains ? Seule certitude, les sculptures d'Anne Wenzel forment une danse funèbre, une sarabande mortuaire, où le noir est l'unique couleur.

Conclusion : L'art du deuil indécis

Avant d'être déceptif, l'art du deuil se veut indécis. Certaines installations sont parfois difficilement identifiables ou descriptibles. On ne sait comment les observer et les comprendre. Sont-elles le lieu d'une disparition, d'une incarnation, d'une résurrection, d'un ensevelissement ou d'un effacement ? L'on peut être surpris par l'emploi de certaines procédures ou d'actions qui renvoient au négatif, à la destruction, à l'échec, comme si l'artiste avait pour rôle de révéler ce qui a trait au morbide, à la douleur, à l'inachèvement. L'on pourrait penser que les artistes allemands contemporains rejoignent une conception de l'artiste comme anti-héros, figure de martyr, valorisant ses échecs comme ses blessures. Face aux volumes informes présentés par Eva Hesse ou aux sculptures en train de fondre d'Anne Wenzel, nous éprouvons du désarroi. Loin d'être une simple maladresse, l'indécision de l'œuvre semble en relation directe avec la spécificité du deuil.

Car l'œuvre endeuillée est complexe. Elle est en proie au doute. Elle questionne notre propre relation à la perte et interroge nos liens avec la mort. Parfois, elle se tourne vers l'ironie ou vers une forme de distanciation critique. Pour notre part, nous pensons que les artistes allemands contemporains ont une relation particulière avec la notion de détournement et de subversion, qui leur permet d'adapter avec brio des techniques et des moyens d'expression en prise avec une habile irrévérence envers des œuvres du passé. Nombreux sont les artistes, comme Georg Baselitz ou Gerhard Richter, qui n'hésitent pas à faire des clins d'œil aux porosités historiques, gardant en tête que « l'art est contraint de se souvenir que quelque chose, avant lui, s'est donné comme étant l'art. »[166] D'autres artistes, comme Markus Lüpertz ou Rosemarie

---

[166] Paul Ardenne, op. cit., p. 42.

Trockel, se tournent vers un art de la remémoration, qui va de la redite à la citation, en passant par la réappropriation.

Nous n'avions pas ici la prétention d'observer toutes les œuvres produites par les artistes allemands depuis la seconde moitié du XXe siècle. Le champ d'investigation est trop vaste et nos choix ont forcément un caractère arbitraire car nous avons dû sélectionner des œuvres parmi un corpus impressionnant. Il nous importait d'envisager des œuvres qui ont marqué l'histoire de l'art récente soit par leurs caractéristiques formelles, soit par leurs implications politiques, historiques ou sociales. Si, pour Anselm Kiefer, l'immensité des toiles s'articule aux vastes champs dévastés de la Seconde guerre mondiale, chez Andreas Gursky, les vues panoramiques et distanciées relèvent d'une objectivation du réel, attestant d'un nouveau regard porté sur le monde contemporain.

Certains pensent que l'art allemand contemporain est réduit à la répétition d'un style lourd ou qu'il est pris dans un obligatoire positionnement face au devoir de mémoire. Ainsi écrit-on que la peinture de Georg Baselitz n'est qu'une peinture de la « décharge », exprimant une poiëtique de la violence, une œuvre perverse, « puisque la sublimation est, en elle, comme reniée... »[167] Au-delà des divergences, nous avons préféré axer notre réflexion sur les choix formels et plastiques effectués par les artistes. Aussi avons-nous pensé qu'il était indispensable de se pencher sur la place primordiale accordée à la figure, notamment chez les jeunes peintres. Ceux-si s'opposent à la prédominance du minimalisme ou de l'*arte povera* qui a régné sur l'histoire de l'art l'espace de deux décennies dans la seconde moitié du XXe siècle. Plus récemment, le contexte de l'art contemporain excessivement porté vers le conceptuel permet de s'interroger sur cette importance de la figuration. Si des peintres comme Georg Baselitz, Markus Lüpertz ou Jörg Immendorf ont manifesté

[167] Murielle Gagnebin, op. cit., p. 215.

par leur utilisation de la figure un esprit de dissidence ou d'agression envers la forme, les œuvres figuratives plus récentes, qu'il s'agisse de sculptures, de photographies ou des peintures, comme celles de Tim Eitel, jouent entre l'irrévérence et l'hommage, déjouant nos attentes et nos repères avec aisance.

L'on aurait pu s'attarder sur les palettes choisies par les artistes, dont les œuvres présentent des couleurs tantôt affaiblies, comme dans certaines photographies d'Axel Hütte, ou anormalement pâles, comme sur les clichés de Wolfgang Tillmans, exposés à la 53ème Biennale de Venise. On aurait également pu commenter plus longuement les gammes chromatiques tourmentées et heurtées d'artistes comme Anselm Kiefer, Georg Baselitz ou Markus Lüpertz, chez lesquels la couleur se fait « lourde, grise, marron, noire, terre . »[168] Toutefois, nous avons dressé un panorama des teintes du deuil (notamment dans les œuvres d'Eva Hesse) et mesuré la corrosivité mordante des pigments acides utilisés par Sigmar Polke.

Nous n'avons pas voulu écrire cette étude dans le but de *définir* l'art allemand contemporain. Un tel projet serait trop réducteur face à la diversité des pratiques et des approches de l'art. Par ailleurs, depuis Dürer, les artistes ont exprimé un doute sur leur propre identité artistique allemande, n'hésitant pas à questionner les influences, notamment celles de l'Italie ou de l'Europe du Nord pendant la Renaissance ou des pays d'Europe centrale et des divers foyers expressionnistes, au cours du dix-neuvième siècle ou encore celle de la France, lors de l'avènement de la modernité. De toute manière, ce qui aura retenu notre attention aura donc été surtout la façon dont les artistes contemporains ont pu gérer, au sein de leurs œuvres et de leur démarche artistique, une autonomisation de leur création tout en manifestant des références soit à une histoire personnelle chargée, soit à une esthétique néo-expressionniste,

---

168 Op. cit., p. 190.

post-romantique, soit encore aux codes visuels de la Nouvelle Objectivité et aux nouveaux médias.

Un art froid ?

Nous sommes partis de ce constat : nombreux sont les artistes allemands d'aujourd'hui qui présentent des œuvres distantes, imperméables ou froides. Quant au spectateur, celui-ci est souvent désarçonné par les dispositifs de monstration des œuvres et par leur atmosphère. Ceux qui jouent avec l'image la présentent de manière perturbée, voire illisible, jouant à cacher l'image, voire à l'agresser. Qu'il s'agisse des figures renversées dans les toiles de Georg Baselitz ou des images pornographiques récupérées sur Internet par Thomas Ruff et pixelisées à l'extrême, dans tous les cas, la volonté est de dérouter le spectateur. De telles œuvres modifient nos modes d'appréhension par des dispositifs complexes. La véritable entreprise artistique consisterait ainsi à donner à la désillusion sa place véritable dans notre manière de voir... L'art allemand d'aujourd'hui aurait donc pour but, dans son esthétique fortement marquée par le deuil, de nous mettre face au réel et à sa nature parfois décevante. Comme si toute part de rêve ou d'illusion devait être refusée. De cette manière, ces artistes perceraient l'ordre des apparences et atteindraient un sentiment particulier de tristesse, une tristesse ouvrant sur le monde : « Mais la Tristesse n'est pas le deuil dépressif du monde. C'est au contraire l'ouverture au monde tel qu'il est. C'est le sentiment d'être au monde, transperçant l'ordre truqué des apparences. »[169]

De manière générale, terminer un deuil éveille le regard sur l'avenir et permet de s'ouvrir à de nouvelles choses. Or encore trop d'artistes allemands contemporains restent bloqués dans des gestes répétitifs, comme l'activité de recensement propre à Candida Höfer, le retournement

---

169 Olivier Zahm, « Towards total Tristesse », *Purple*, Number 8, Paris, 2001, p. 86.

poursuivi par Georg Baselitz ou les alignements de chiffres inlassablement présentés par Hanne Darboven.

Aussi pourrait-on penser que l'artiste Wolfgang Laib a trouvé une solution contemplative en réalisant ses carrés de pollen, après avoir reccueilli dans la nature des quantités importantes de pollen qu'il prélève sur diverses plantes et qu'il dispose ensuite dans des espaces épurés. Le deuil serait-il enfin dépassé au profit d'une méditation apaisante, comme si le deuil était la seule véritable dimension de toute contemplation ? Les artistes auraient-ils pour but de faire de l'art « un médiateur de l'indicible »[170], pour reprendre l'idéal formulé par Goethe ? A moins que les dépôts de pollen réalisés par Laib témoignent d'un deuil toujours présent, à l'image de cette pièce dans laquelle s'enferme Lucy, un des personnages décrits dans un roman de Zoé Jenny, jeune auteur de langue allemande :

> « Parfois, des bruits, dehors, m'éveillent, et je peux observer Lucy tandis qu'à l'aube, dans le jardin, quand tout est encore silencieux, elle prend les corolles des fleurs entre ses doigts et les respire. Avec ses ongles, elle détache des tiges les longues étamines et les rassemble. Puis elle va dans la chambre des pollens où elle en secoue les grains. Il y a du pollen partout sur le sol et sur l'appui des hautes fenêtres de la cave. Un matelas avec un drap – la seule chose qu'il y ait dans cette pièce – est posé par terre entre les piliers. C'est sur ce matelas qu'elle restait couchée après qu'Aloïs fut mort. »[171]

---

[170] Johann Wolfgang von Goethe, *Ecrits sur l'art*, op. cit., p. 312.

[171] Zoé Jenny, *La chambre des pollens*, Paris, Gallimard, 1998, p. 27-28.

« La mort fait simplement partie de nos vies »

Entretien avec Anne Wenzel.
Traduit de l'anglais par l'auteur.

Isabelle Doleviczényi-Le Pape : Anne Wenzel, pouvez-vous expliquer l'utilisation récurrente de la céramique dans vos sculptures ?

Anne Wenzel : La céramique est le matériau qui convient le mieux pour atteindre les buts que je me fixe. Je peux ainsi façonner les formes que j'ai envie de créer. Cela a toujours été une manière de faire pour moi. J'utilise depuis longtemps l'argile. En même temps, je revendique cette matérialité de l'argile comme faisant partie de la sculpture. Auparavant, j'ai utilisé également de la résine. Cependant, le travail sculptural me paraissait moins direct. L'utilisation de l'argile me permet de chercher les formes les plus adaptées qui peuvent définir les sculptures. De manière générale, je commence par construire la pièce sculpturale en argile. Je la construis soigneusement. Lorsque j'ai terminé, je commence alors à la détruire. A arracher des parties, à faire des trous. Puis, avec le même soin que lorsque je l'ai construite précédemment, je cherche encore le moment parfait entre la destruction et la construction.

I.D. : Dans *Sweet Life*, la prédominance du noir confère à l'atmosphère une tonalité sinistre. Elle évoque presque un désastre. Pourquoi êtes-vous attachée à cette couleur ?

A.W. : Le noir n'est pas un choix. Cela vient plutôt d'une intention de ne pas utiliser d'autres couleurs. Ma préférence pour le noir découle d'une volonté de réduire les couleurs. En réduisant les couleurs, l'attention se reporte sur l'aspect formel de la sculpture et sur la composition. Ce qui met en avant la dynamique de la sculpture. Bien sûr, il y a ces ténèbres liées à la couleur noire. Et néanmoins, j'admets jouer avec cet aspect, afin de confronter l'obscurité du sujet ou de la couleur avec l'idée de beauté.

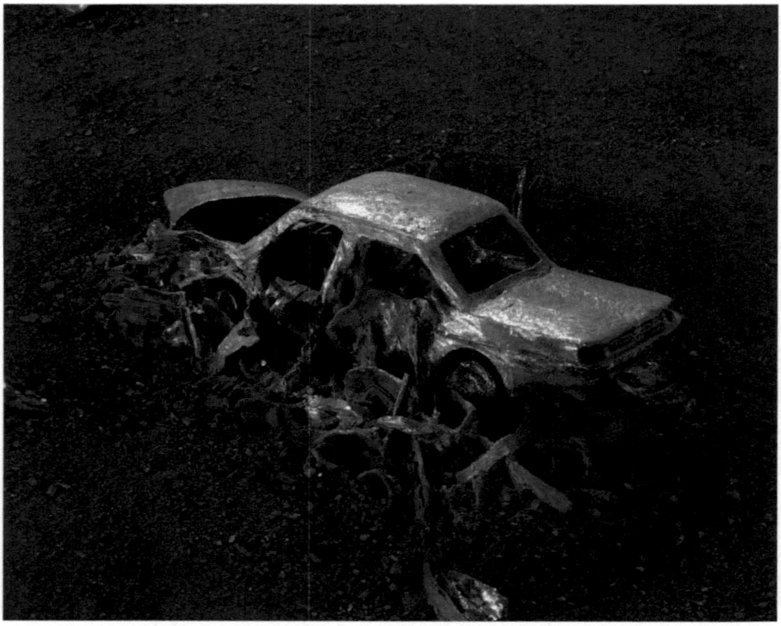

Anne Wenzel, *Heaven*, 2007.
Ceramics, charcoal, wood, paint. 145 x 190 x 560 cm.
Photography : John Stoel. Courtesy : © Anne Wenzel.

I.D. : Dans *Sweet life* ainsi que dans *Dead Alice* apparaît le thème de l'enfance. Quel est votre sentiment à propos de l'enfance et de l'idée d'innocence ?

A.W. : Je n'ai pas confiance en l'idée d'innocence. Notamment dans l'innocence de douces jeunes filles.

I.D. : Pensez-vous que vos œuvres sont romantiques ?

A.W. : On peut comprendre le terme romantique de deux manières. Bien sûr, il y a le point de vue de l'histoire de l'art. Il y a également l'approche plus quotidienne du terme « romantique ». Si l'on se rapporte à celle-ci, je pourrais, en effet, dire qu'elles sont romantiques. Du moins aspirent-elles à plus de romantisme, tout en admettant qu'aujourd'hui, tout romantisme est mort. Quant à la première définition, il pourrait y avoir dans mes œuvres un parallèle avec le romantisme, notamment dans l'attraction pour le désastre et l'osbcurité.

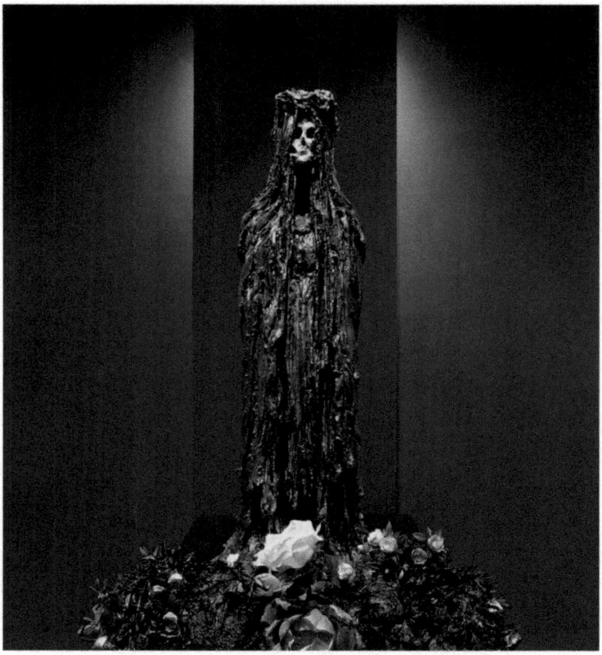

Anne Wenzel, *Invalid icon #3*, 2007.
Ceramics, 78 x 32 x 34 cm. Private collection Belgium.
Exhibition at NP3 Groningen, The Netherlands, 2008.
Photography : Ruud Ploeg, © NP3. Courtesy : © Anne Wenzel.

I.D. : Vous vivez à Rotterdam. Etes-vous influencée par les arts nordiques ou restez-vous très liée à votre culture germanique ?

A.W. : Je suis née dans l'extrême nord de l'Allemagne. Du côté calviniste. J'ai été élevée dans cette tradition religieuse calviniste. J'ai ensuite étudié l'art en Hollande et j'ai perdu ma foi en Dieu à ce moment. Je pense pourtant que la pensée calviniste a influencé mon art, notamment dans la manière dont les Allemands pensent l'art ou parlent d'art. L'art allemand, comme la littérature allemande ou la langue germanique ont été influencés par le calvinisme, tout comme la Hollande. On retrouve le silence, le minimalisme. Je suis convaincue que mes sculptures ont cet aspect minimaliste du fait de ces influences. Cependant, je me sens toujours allemande. Je n'ai pas peur d'exprimer des drames ou des émotions.

I.D. : Dans *Invalid icon*, le style se réfère à la sculpture religieuse gothique. Le crâne est-il une réminiscence de ce style gothique ?

A.W. : Le crâne se réfère à la mort. Il n'y a ici aucun style « gothique ». La mort fait simplement partie de nos vies.

I.D. : Dans certaines de vos œuvres apparaît un wall-painting, comme dans *Heaven* ou *Sweet Life*. Quel rôle joue-t-il ?

A.W. : J'aime présenter mes sculptures sous la forme d'installations, dans le but de faire *ressentir* au spectateur ce que j'ai envie de lui dire. En effet, le problème avec les sculptures autonomes, c'est qu'elles sont trop protégées. On peut marcher autour, les regarder et partir. Tandis qu'en situant les sculptures au sein d'une installation, je place le spectateur à l'intérieur de mon monde. Je ne place pas simplement l'œuvre devant lui. Je la place également derrière, partout. Il n'y a aucun moyen de s'échapper.

I.D. : De nombreux symboles se rattachent à un sentiment dépressif ou expriment le deuil, comme les drapeaux noirs, les madones noires et les sculptures brisées. Est-ce de manière intentionnelle ?

A.W. : Cela ne m'intéresse pas de créer de belles sculptures. Je cherche surtout à être honnête et à montrer ce que comporte la vie.

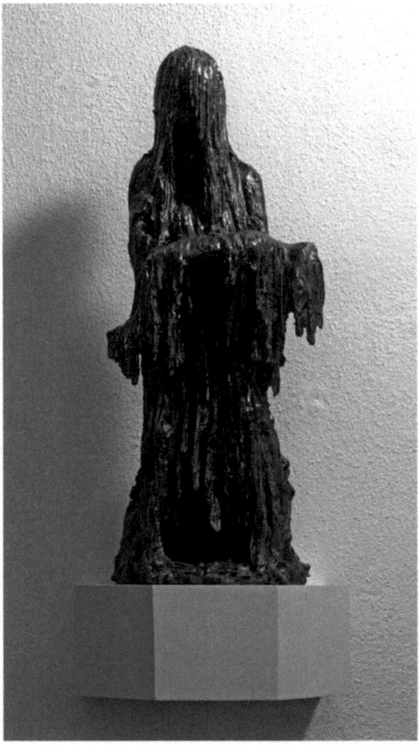

Anne Wenzel, *Invalid icon #5*, 2007.
Ceramics, 81 x 29 x 30 cm. Private collection Belgium.
Exhibition at NP3 Groningen, The Netherlands, 2008.
Photography : Ruud Ploeg, © NP3. Courtesy : © Anne Wenzel.

Table

L'HARMATTAN, ITALIA
Via Degli Artisti 15 ; 10124 Torino

L'HARMATTAN HONGRIE
Könyvesbolt ; Kossuth L. u. 14-16
1053 Budapest

L'HARMATTAN BURKINA FASO
Rue 15.167 Route du Pô Patte d'oie
12 BP 226
Ouagadougou 12
(00226) 76 59 79 86

ESPACE L'HARMATTAN KINSHASA
Faculté des Sciences Sociales,
Politiques et Administratives
BP243, KIN XI ; Université de Kinshasa

L'HARMATTAN GUINÉE
Almamya Rue KA 028
En face du restaurant le cèdre
OKB agency BP 3470 Conakry
(00224) 60 20 85 08
harmattanguinee@yahoo.fr

L'HARMATTAN CÔTE D'IVOIRE
M. Etien N'dah Ahmon
Résidence Karl / cité des arts
Abidjan-Cocody 03 BP 1588 Abidjan 03
(00225) 05 77 87 31

L'HARMATTAN MAURITANIE
Espace El Kettab du livre francophone
N° 472 avenue Palais des Congrès
BP 316 Nouakchott
(00222) 63 25 980

L'HARMATTAN CAMEROUN
BP 11486
Yaoundé
(00237) 458 67 00
(00237) 976 61 66
harmattancam@yahoo.fr

642764 - Février 2016
Achevé d'imprimer par
1livre.com
du rêve à la réalité !